Karin Eder

AF635643

Kreuzstich

50 mehrfarbige Ornamente – festlich & elegant

Mit Hardangerrand

Leopold Stocker Verlag
Graz – Stuttgart

Inhalt

Umschlaggestaltung: DSR – Werbeagentur Rypka, A-8143-Dobl/Graz
Titelbild: Stephan Friesinger, Graz, www.free-c.org
Alle Fotos: Hans Rauscher für Karin Eder

Bibliographische Information der Deutschen Nationalbibliothek
Die Deutsche Nationalbibliothek verzeichnet diese Publikation in der Deutschen Nationalbibliographie; detaillierte bibliographische Daten sind im Internet über http://dnb.d-nb.de abrufbar.

Der Inhalt des Buches wurde von der Autorin und vom Verlag nach bestem Wissen überprüft; eine Garantie kann jedoch nicht übernommen werden. Die juristische Haftung ist daher ausgeschlossen.

Hinweis:
Dieses Buch wurde auf chlorfrei gebleichtem Papier gedruckt. Die zum Schutz vor Verschmutzung verwendete Einschweißfolie ist aus Polyethylen chlor- und schwefelfrei hergestellt. Diese umweltfreundliche Folie verhält sich grundwasserneutral, ist voll recyclingfähig und verbrennt in Müllverbrennungsanlagen völlig ungiftig.

Auf Wunsch senden wir Ihnen gerne kostenlos unser Verlagsverzeichnis zu:
Leopold Stocker Verlag GmbH
Hofgasse 5 / Postfach 438
A-8011 Graz
Tel.: +43 (0)316/82 16 36
Fax: +43 (0)316/83 56 12
E-Mail: stocker-verlag@stocker-verlag.com
www.stocker-verlag.com

ISBN 978-3-7020-1625-8

Alle Rechte der Verbreitung, auch durch Film, Funk und Fernsehen, fotomechanische Wiedergabe, Tonträger jeder Art, auszugsweisen Nachdruck oder Einspeicherung und Rückgewinnung in Datenverarbeitungsanlagen aller Art, sind vorbehalten.

© Copyright by Leopold Stocker Verlag, Graz 2016

Layout: DSR – Werbeagentur Rypka, A-8143-Dobl/Graz
Herstellung: hm•perfectprintconsult•eu

Die Autorin

Karin Eder hat schon in ihrer Kindheit die Liebe zur Handarbeit entdeckt.
Waren es am Anfang ihre Puppen und Teddybären, die mit selbstgemachter Kleidung „beglückt" wurden, kam schon bald das Sticken hinzu. Nunmehr entwirft sie seit mehr als drei Jahrzenten Stick- und Häkelmuster. Der Kreuzstich lag ihr aufgrund der vielfältigen Möglichkeiten, Muster zu gestalten, schon immer sehr am Herzen. Ein wichtiges Thema ihrer Arbeiten ist nach wie vor die Hardanger-Stickerei. In dieser Technik hat sie nicht nur Hunderte Modelle entworfen, sondern auch eine recht große Anzahl „neuer Füllungen" kreiert.

Wer mehr über sie oder ihre Arbeit wissen möchte, kann gerne ein Mail an, karin.elisabeth.eder@gmail.com schicken. Falls notwendig, ist sie auch beim Beschaffen der im Buch gezeigten Materialien behilflich.

Hardangerrand

Der gezeigte Rand stellt eine einfache Variante der Hardanger-Stickerei dar.
Man braucht dafür nur den Plattstich verwenden. Dazu stickt man fünf Stiche über vier Fäden und lässt anschließend vier Fäden frei.
Wenn alle Plattstiche gearbeitet sind, wird anschließend die Kreuzstich-Stickerei ausgeführt.
Erst zum Schluss werden dann die Durchbrüche ausgeschnitten. Vorher könnten sich sonst Fäden lockern.
Die Stege mit oder ohne Schlingen ausstopfen.
Bei den gezeigten Stoffen empfiehlt sich etwa 10 g Perlgarn Nr. 3 für die Plattstiche und 5 g Perlgarn Nr. 5 für die Stege.
Weiters sind alle Kreuzstiche in diesem Buch mit Garnstärke 5 gestickt worden, jeweils 5 g sind immer ausreichend.

Christliche Motive, Kelch

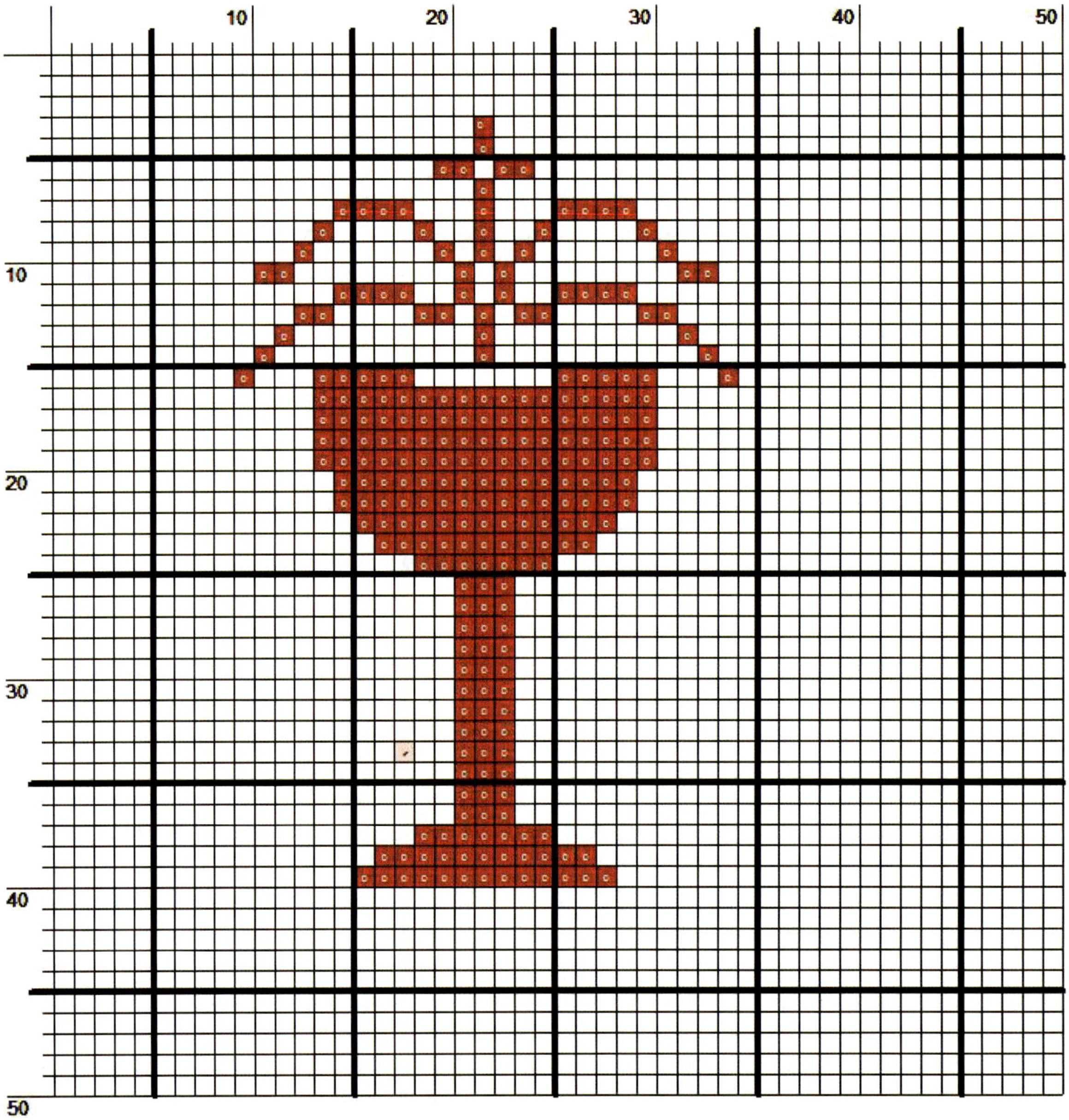

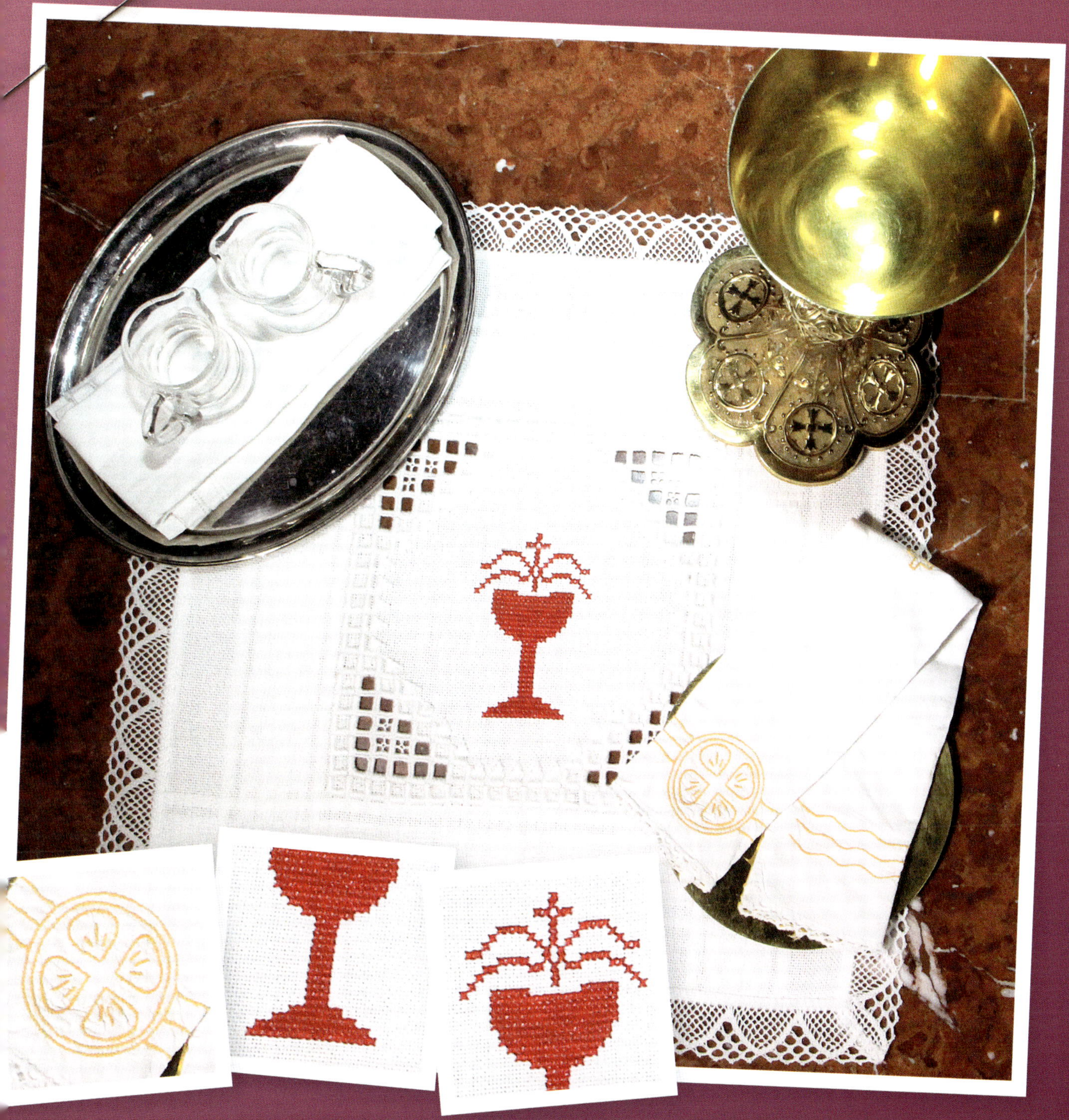

Christliche Motive, IHS

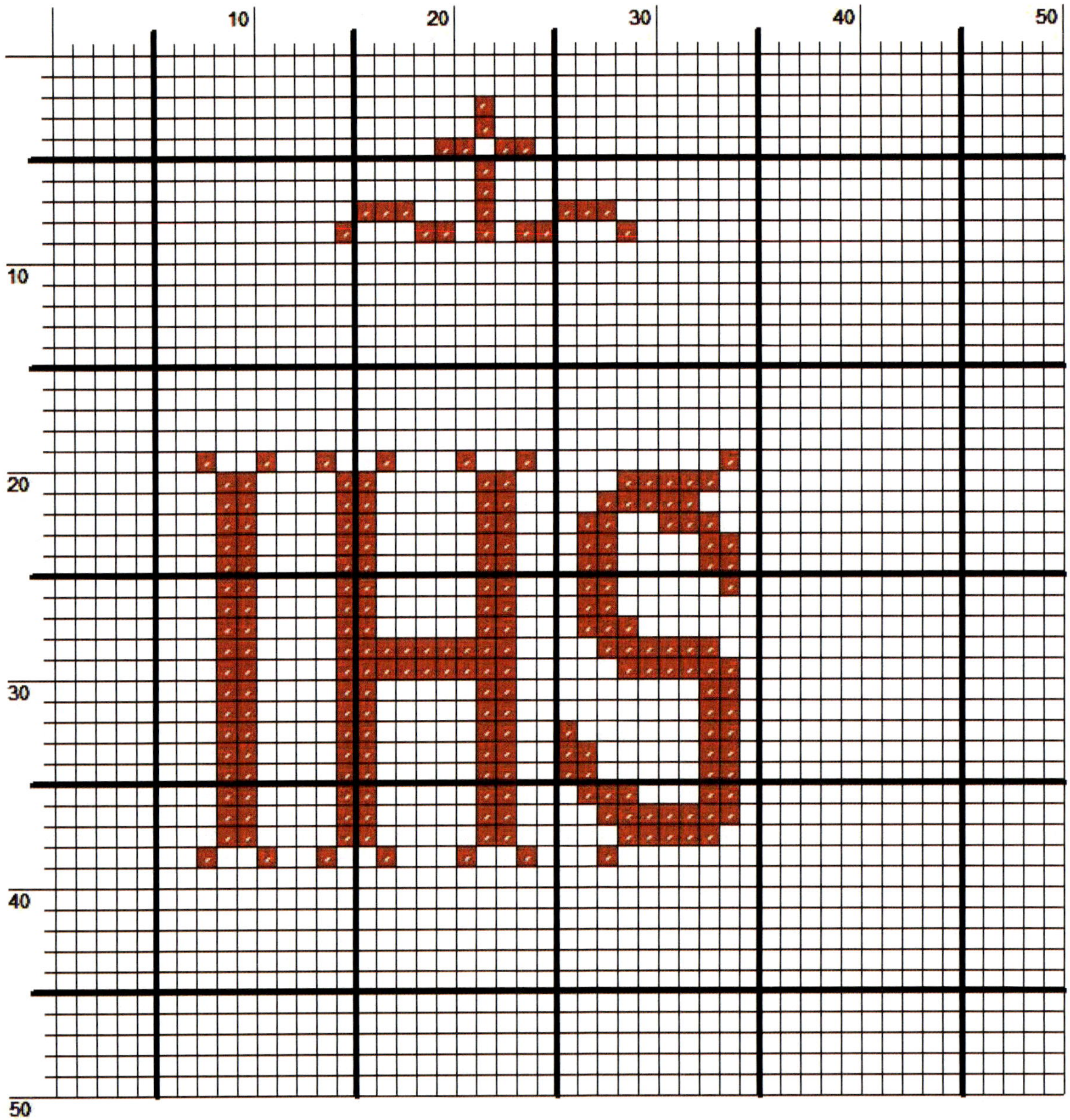

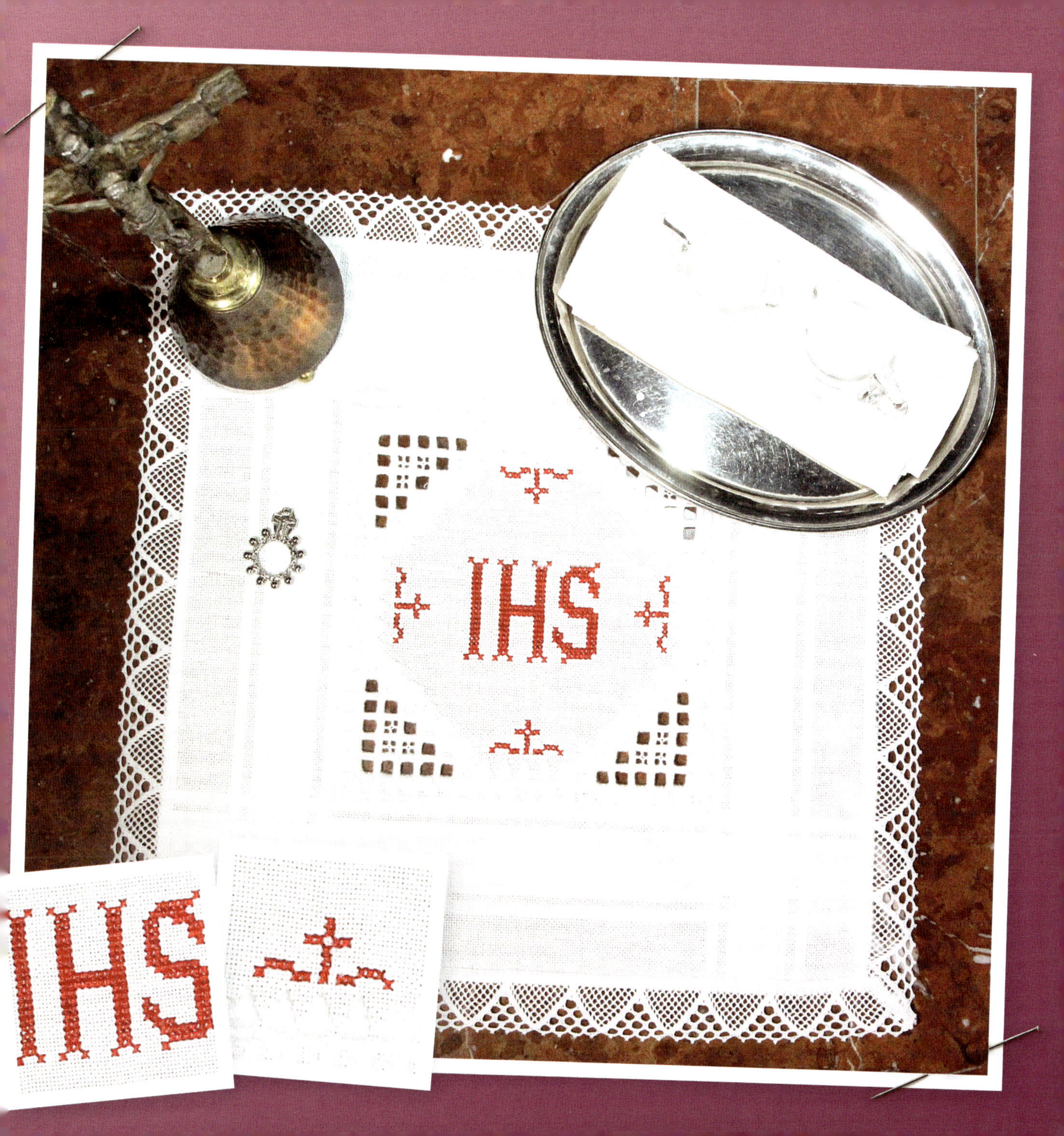
IHS

Christliche Motive, IHS

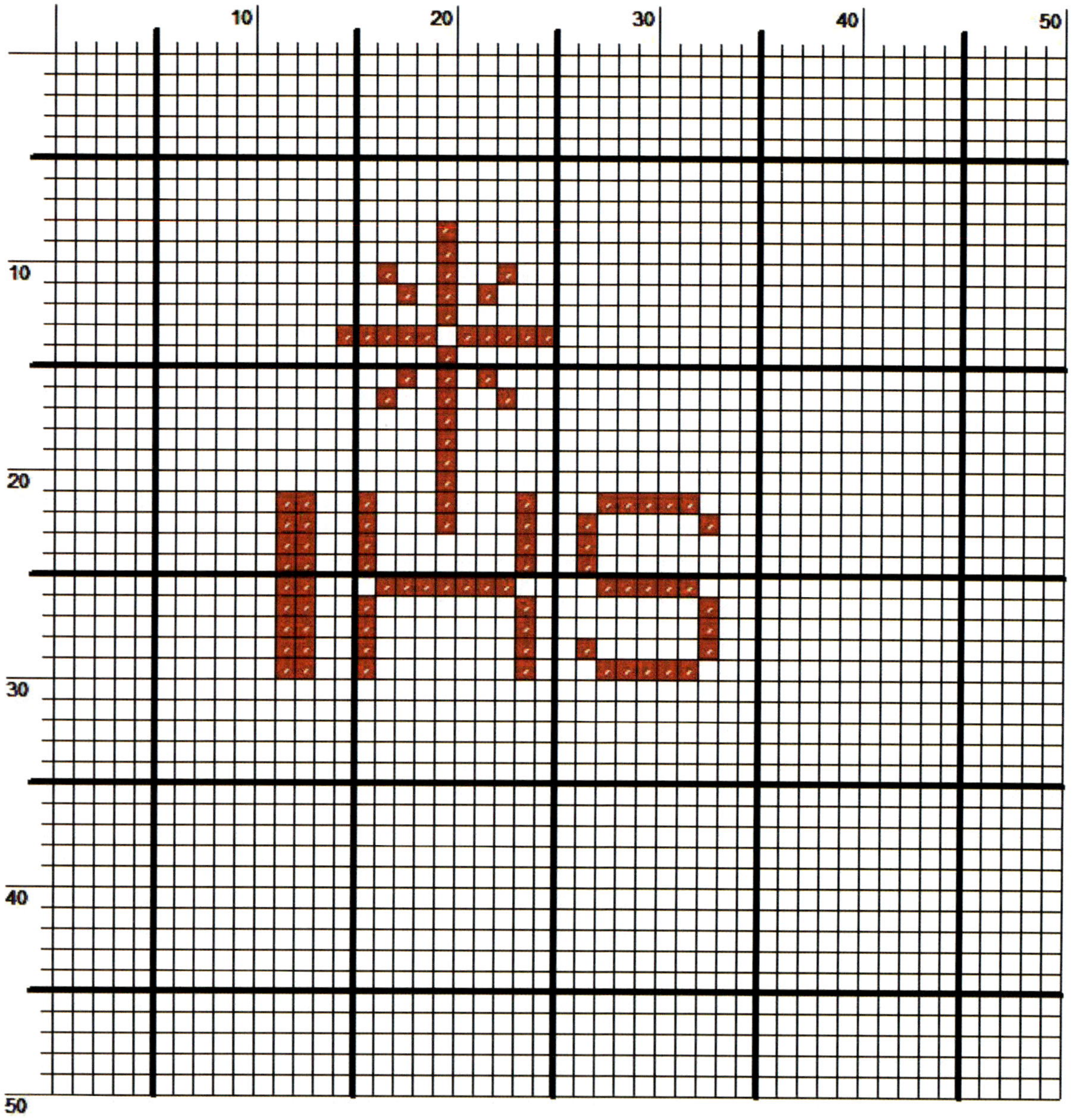

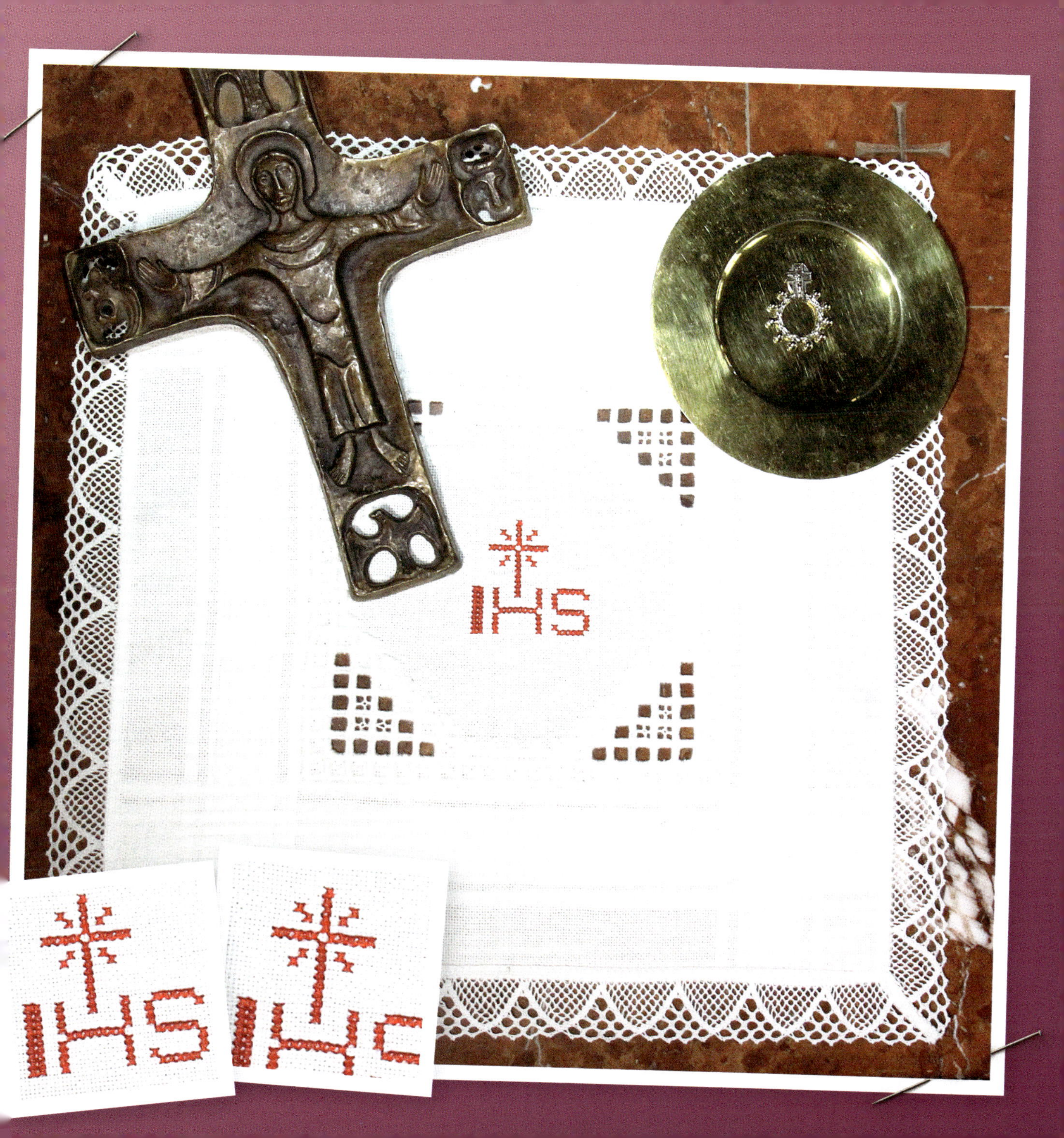
IHS

Christliche Motive, Osterlamm

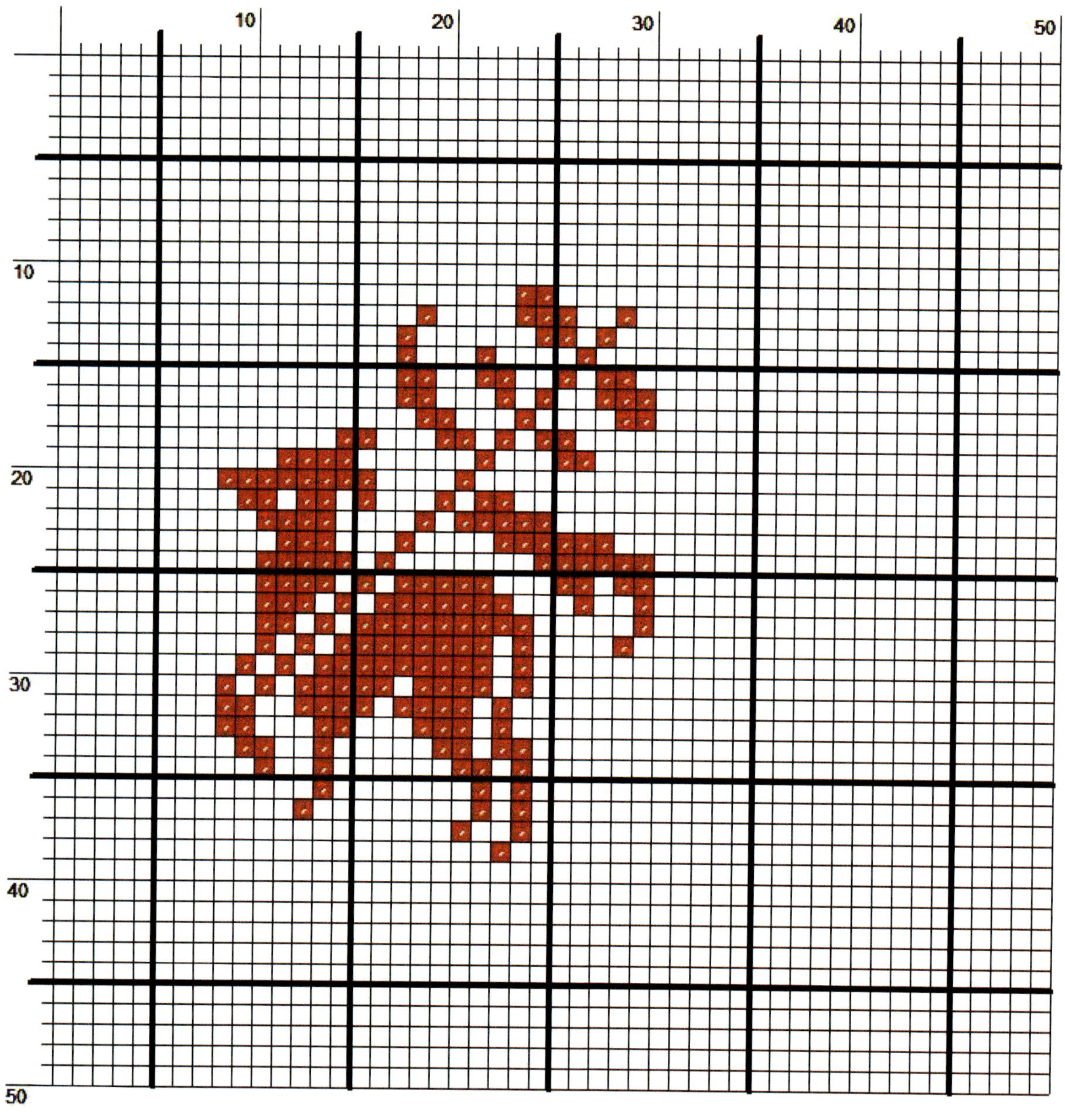

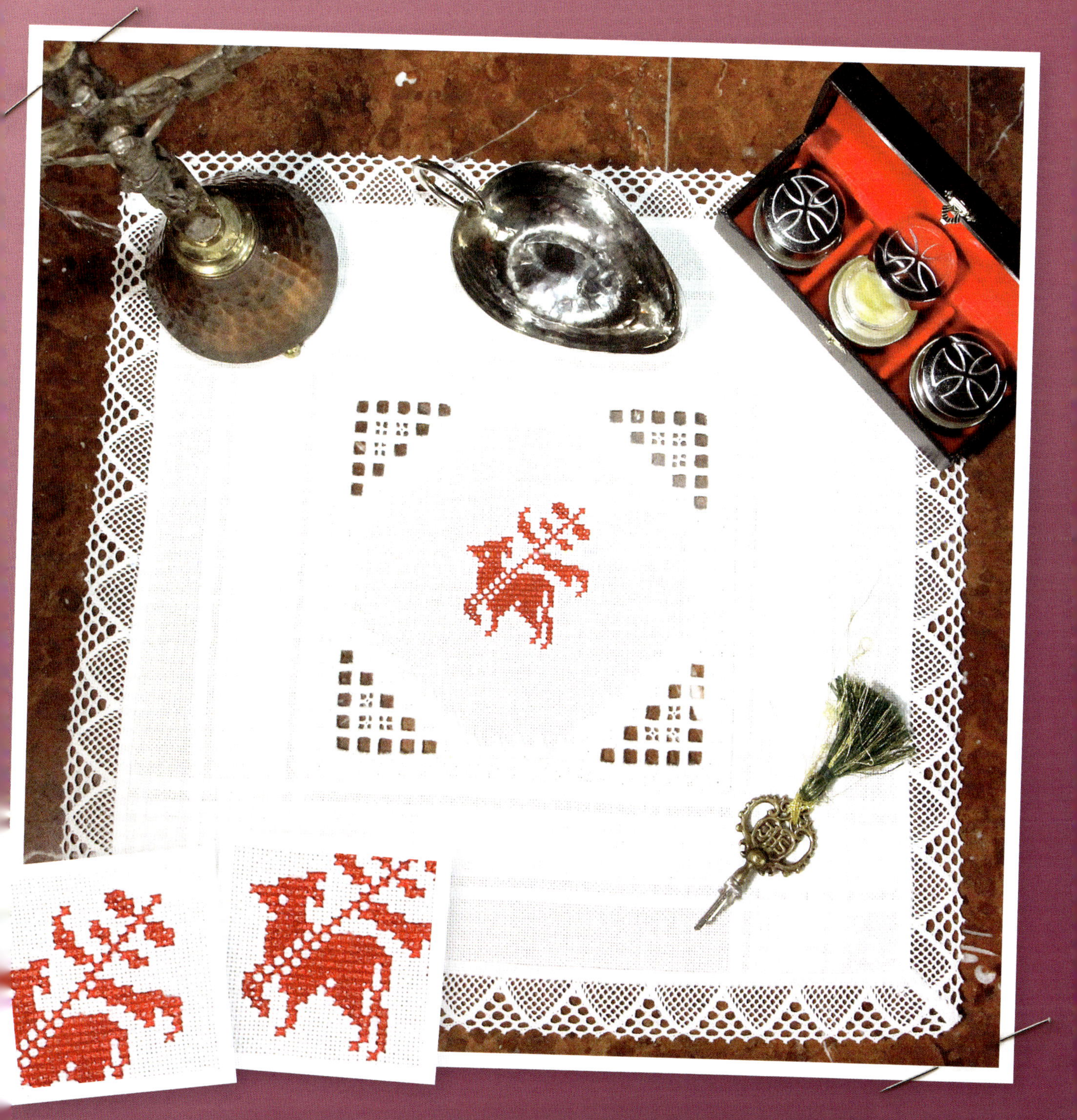

Christliche Motive, Kelch

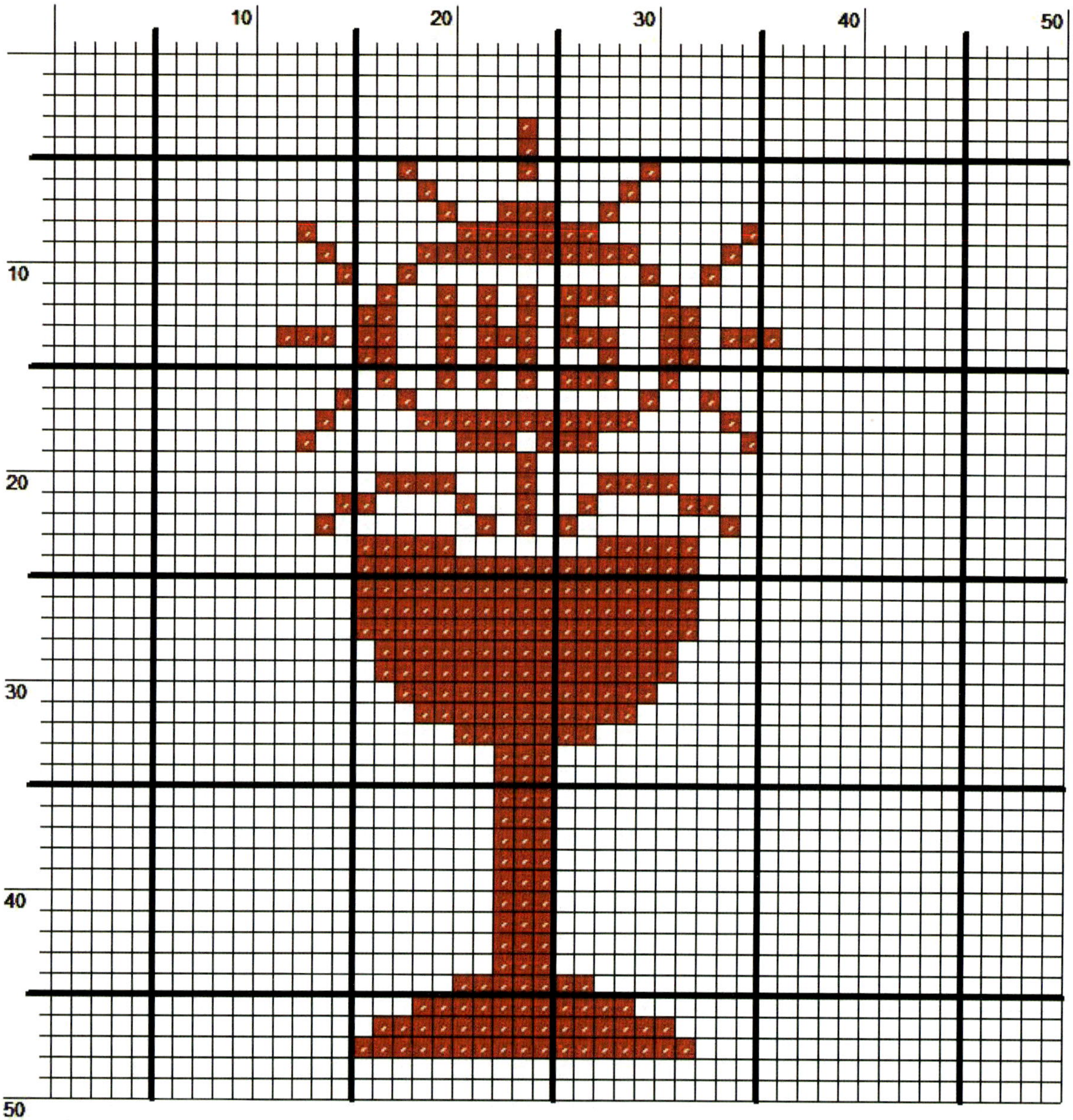

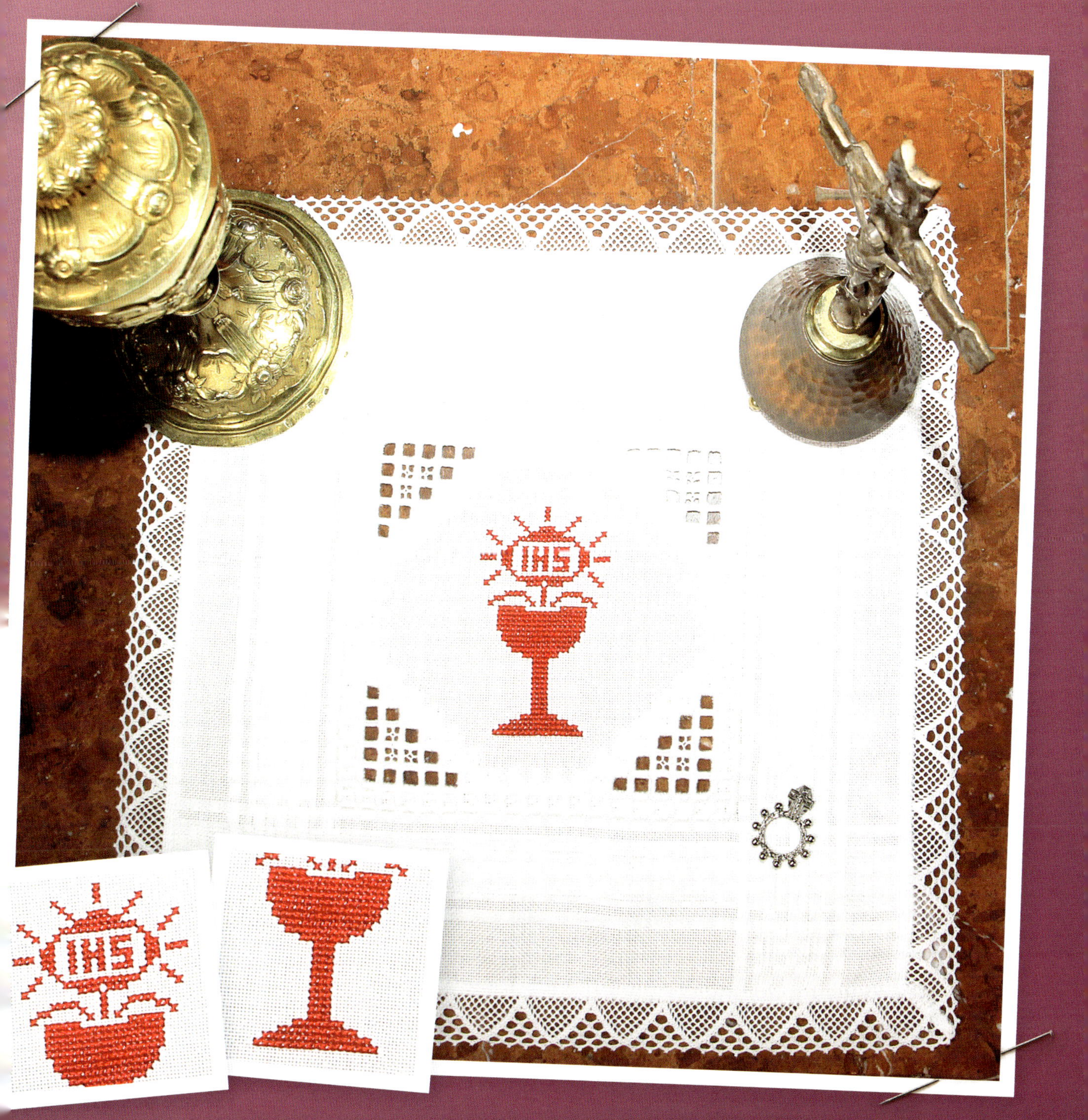
IHS
IHS

Christliche Motive, Kreuz

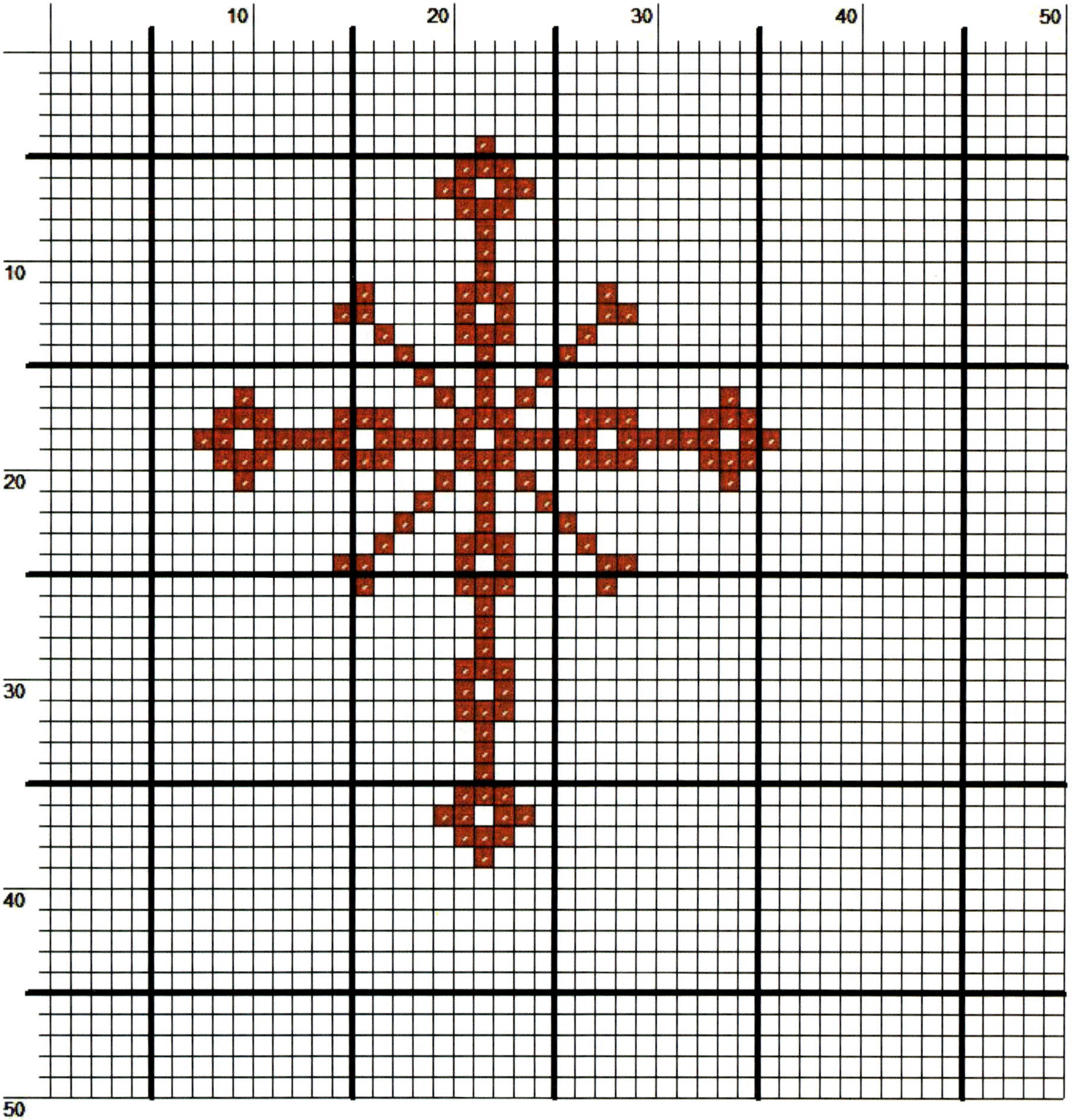

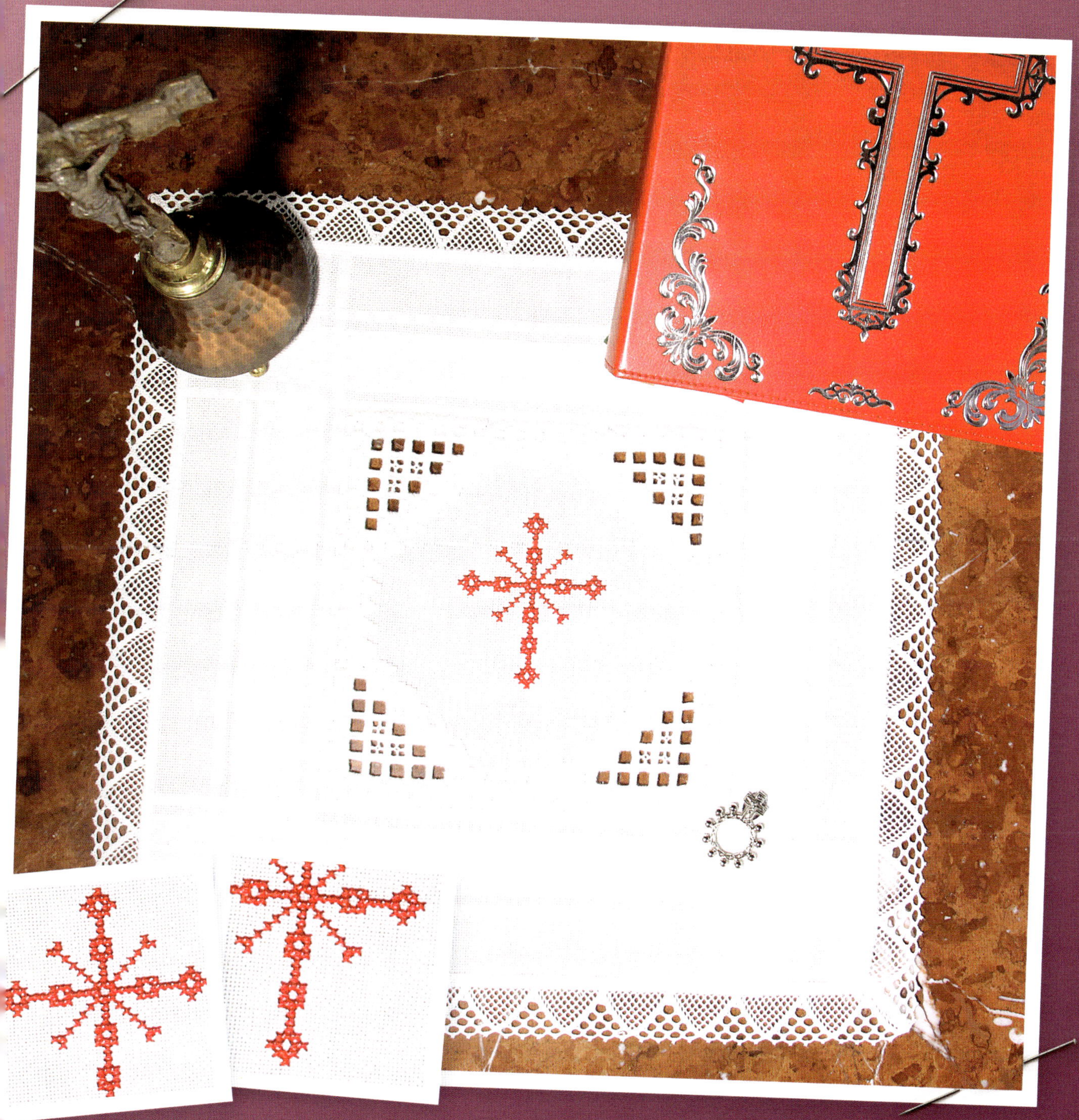

Christliche Motive, Monstranz

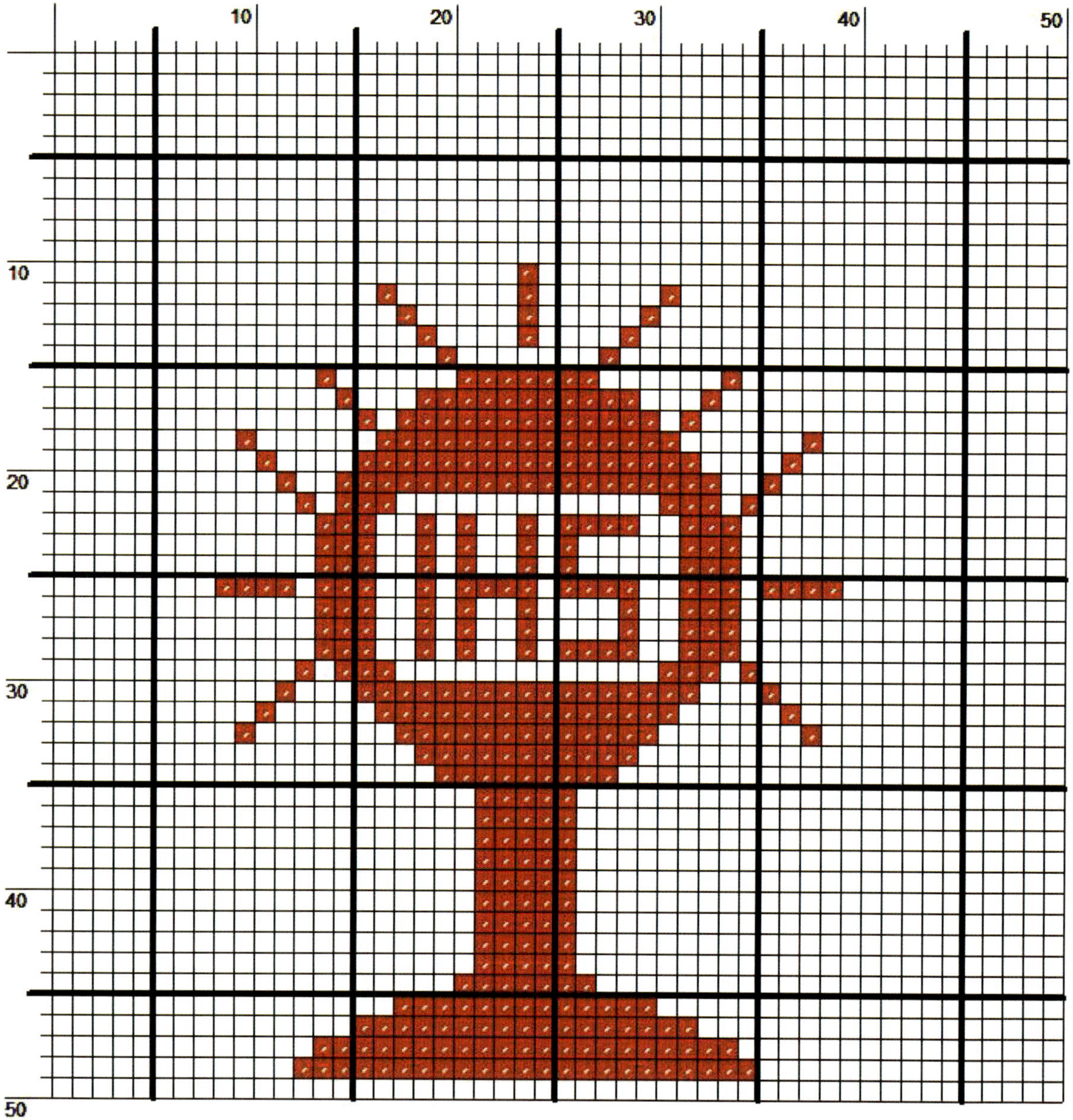

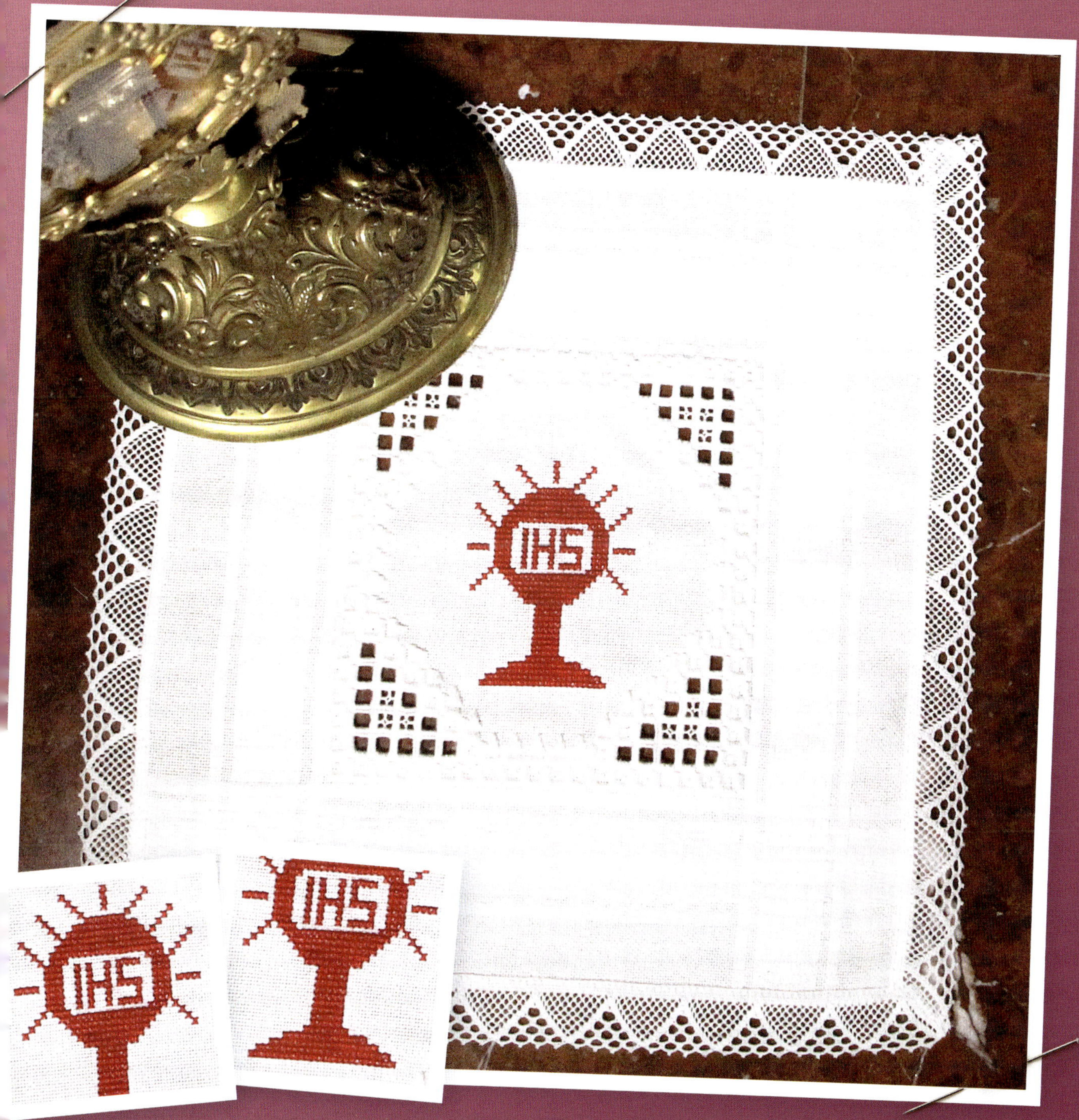
IHS
IHS
IHS

Christliche Motive, Lebensbaum

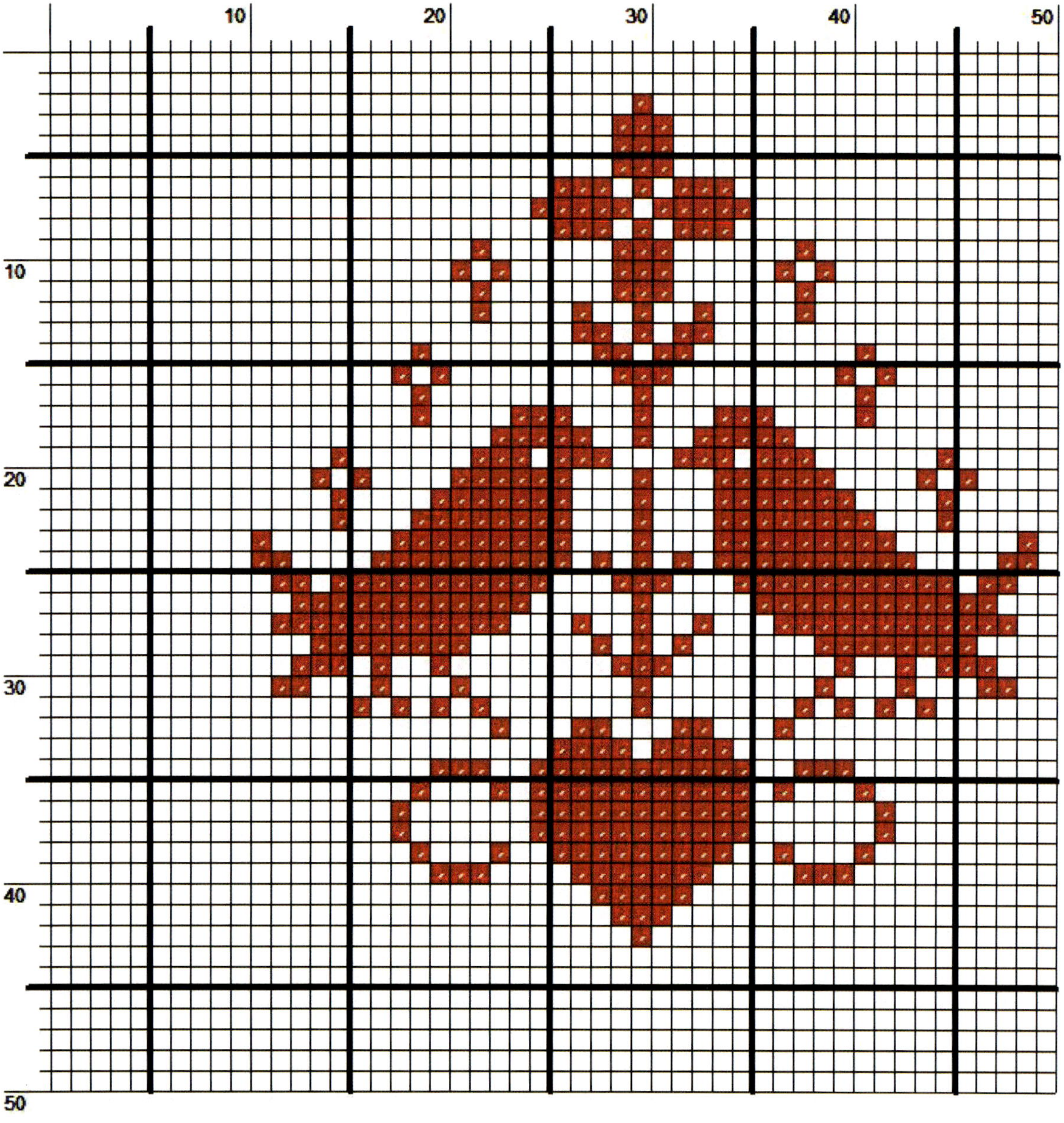

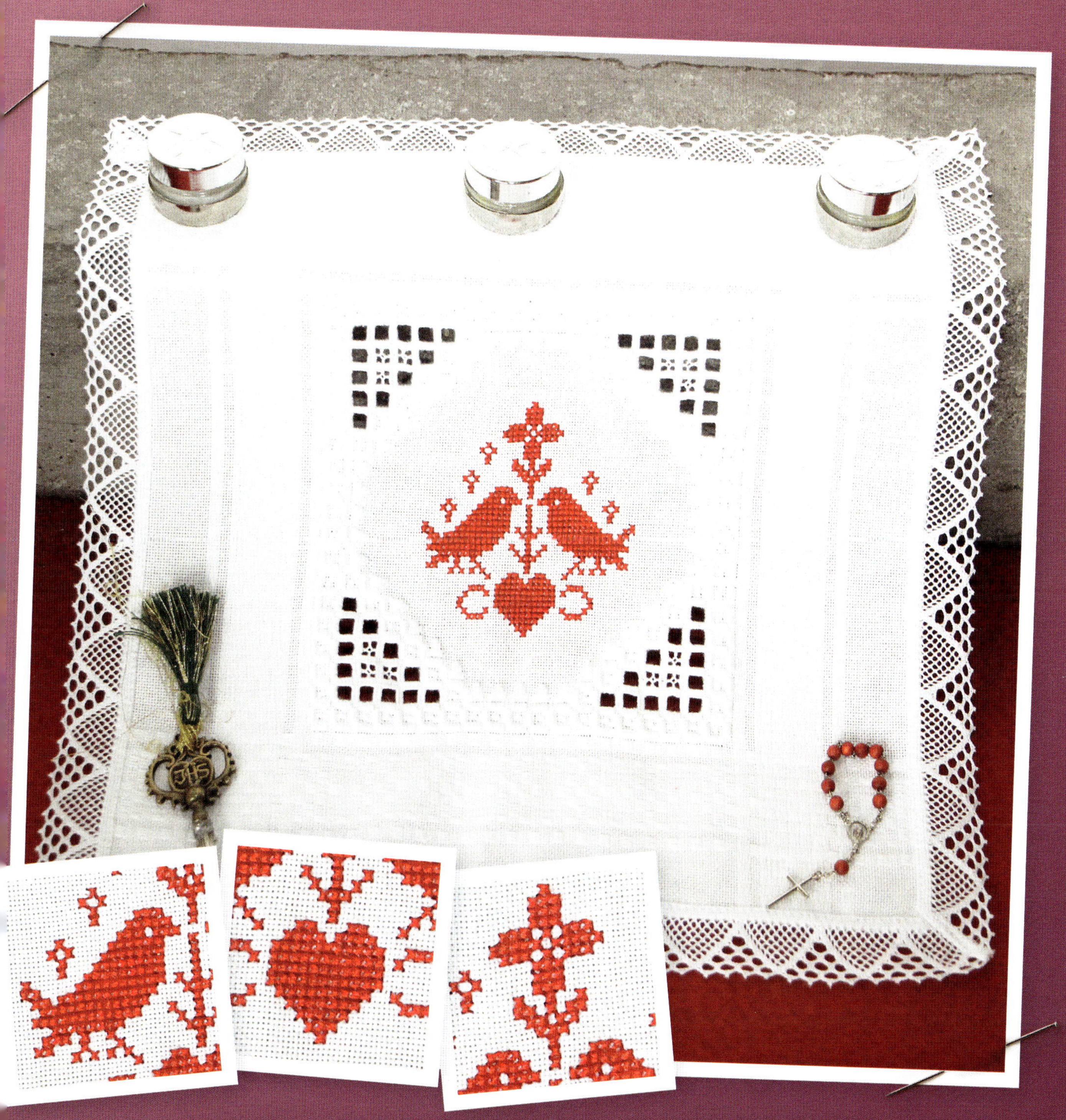

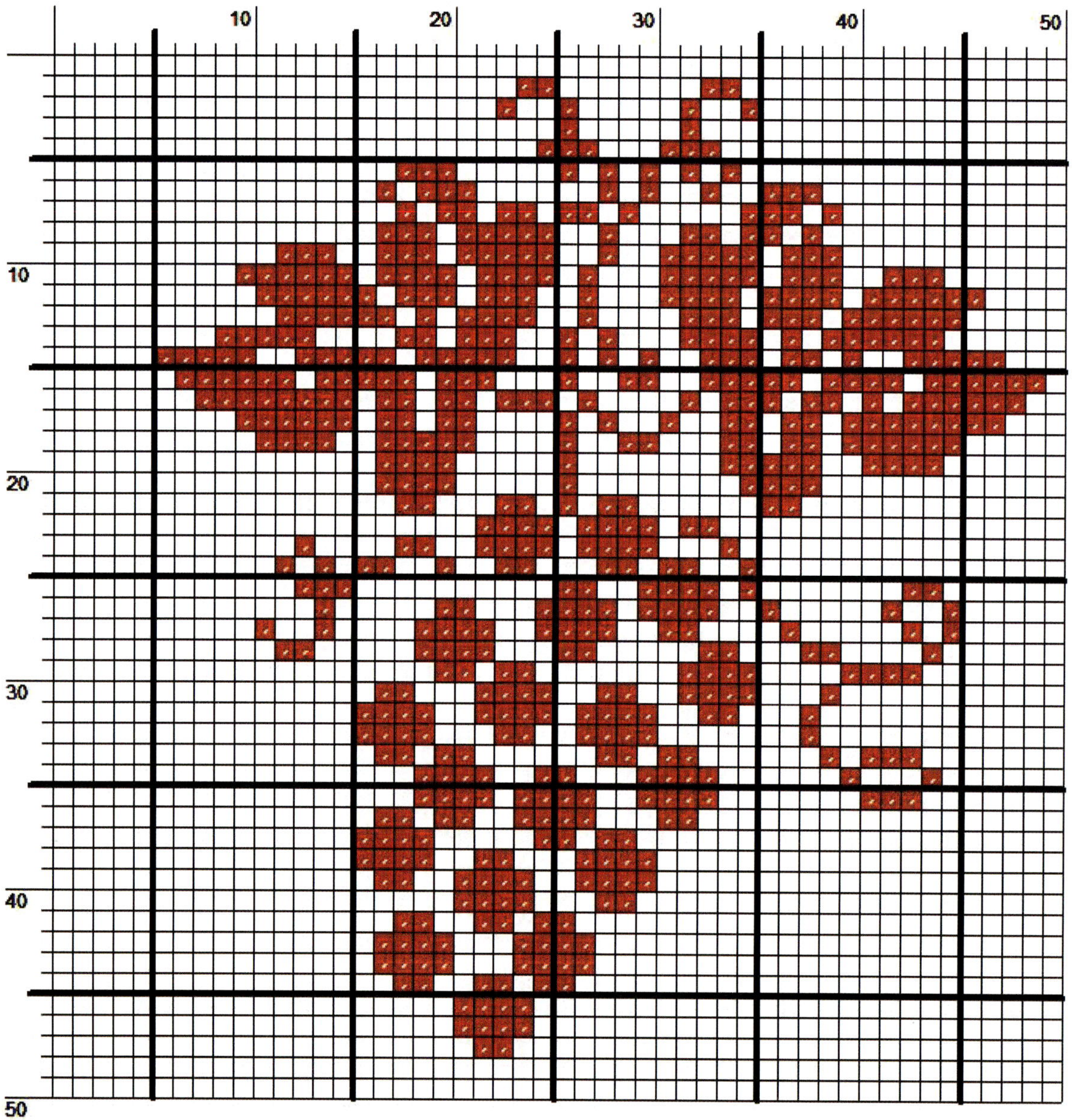
10
20
30
40
50
10
20
30
40
50

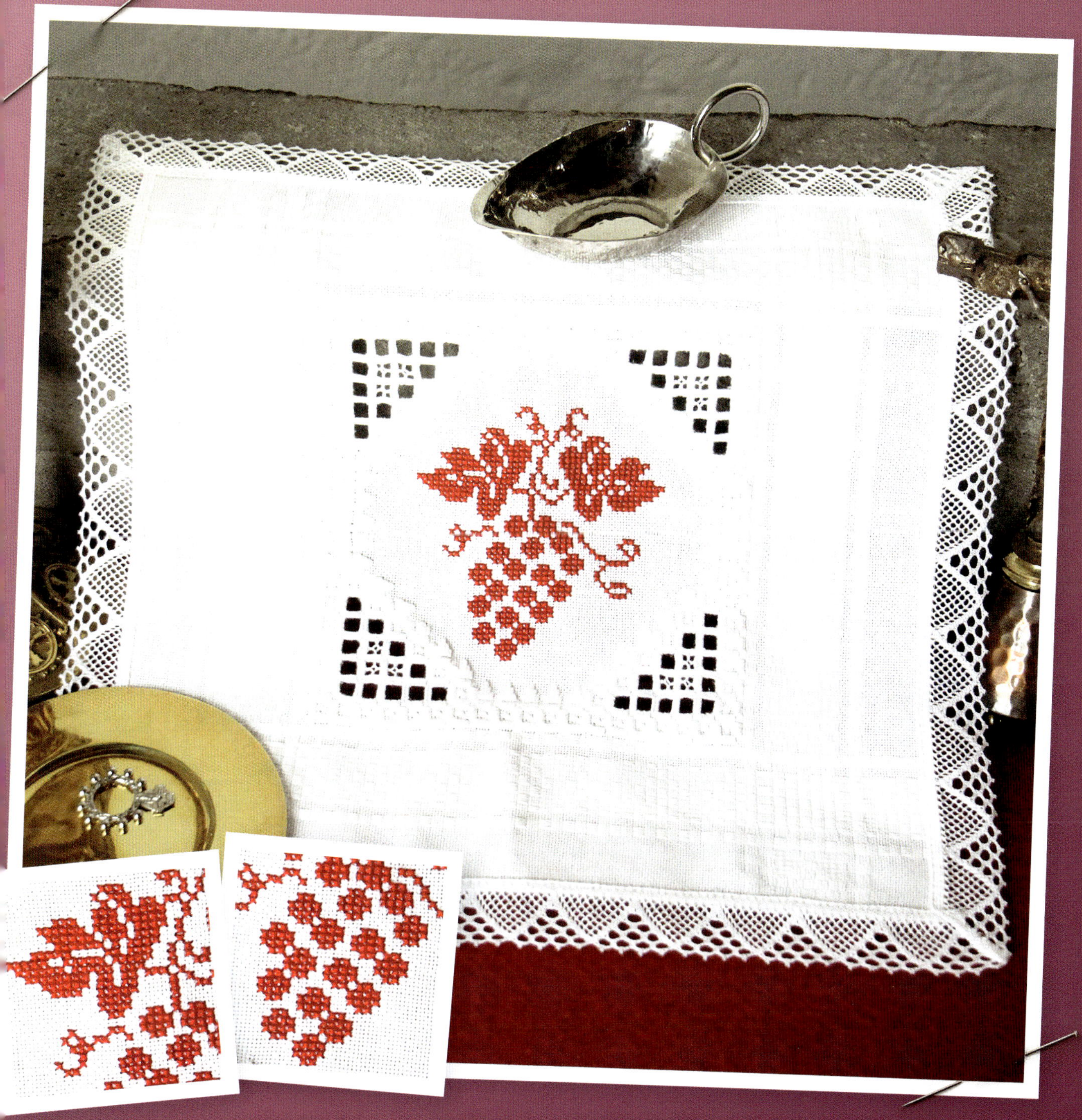

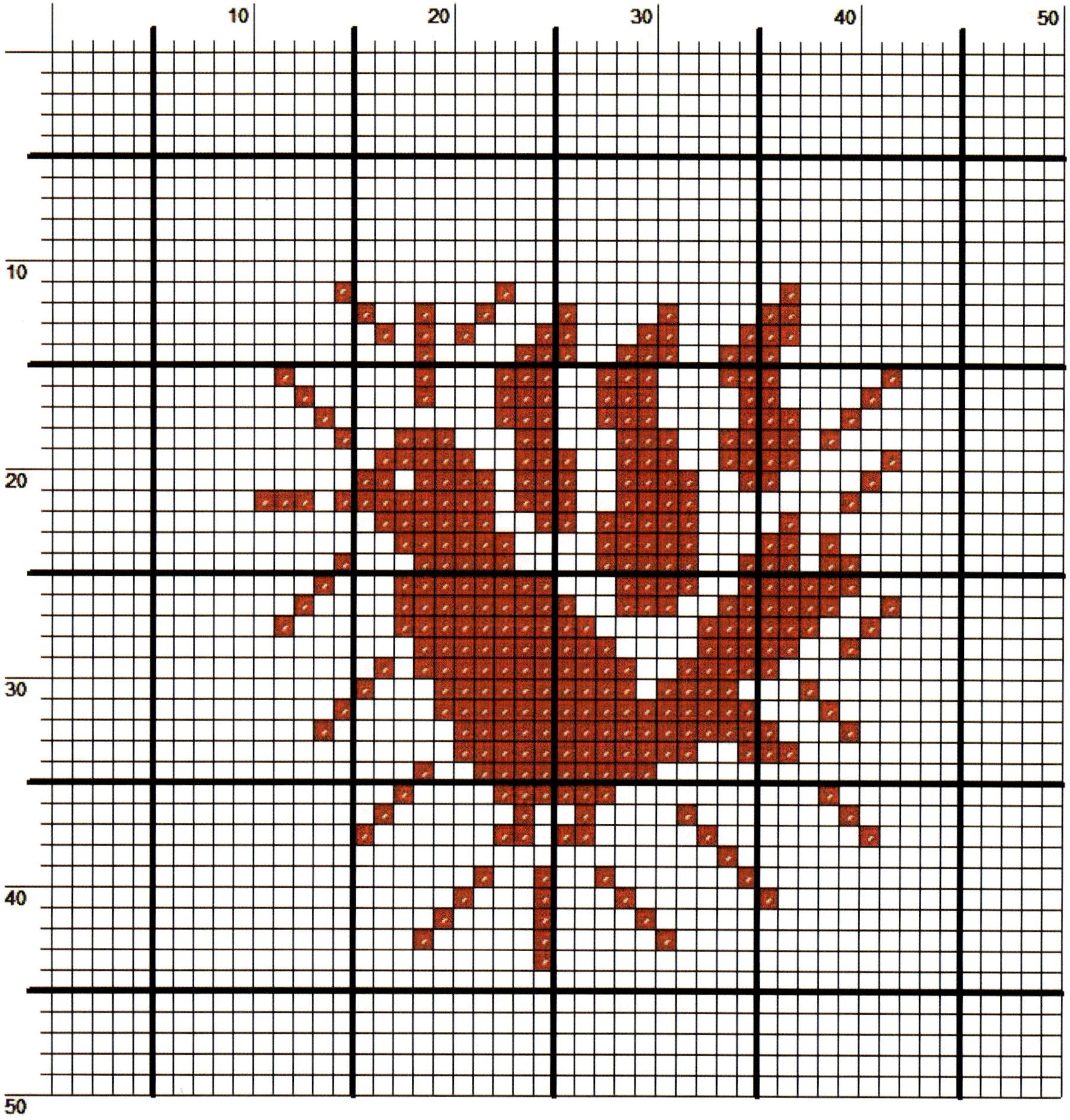

10
20
30
40
50
10
20
30
40
50

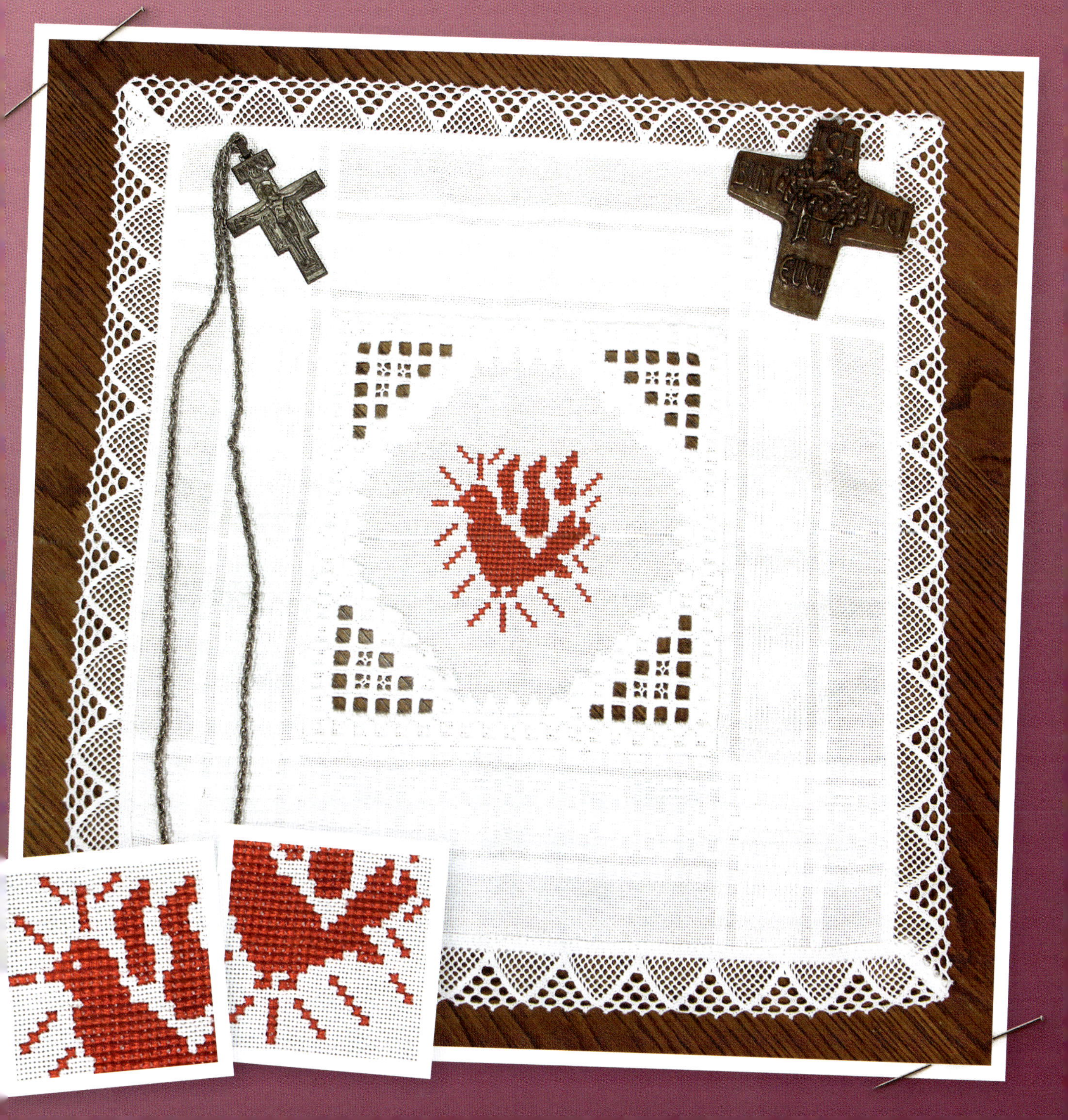
ICH
BIN
BEI
EUCH

Eicheln, ganz traditionell

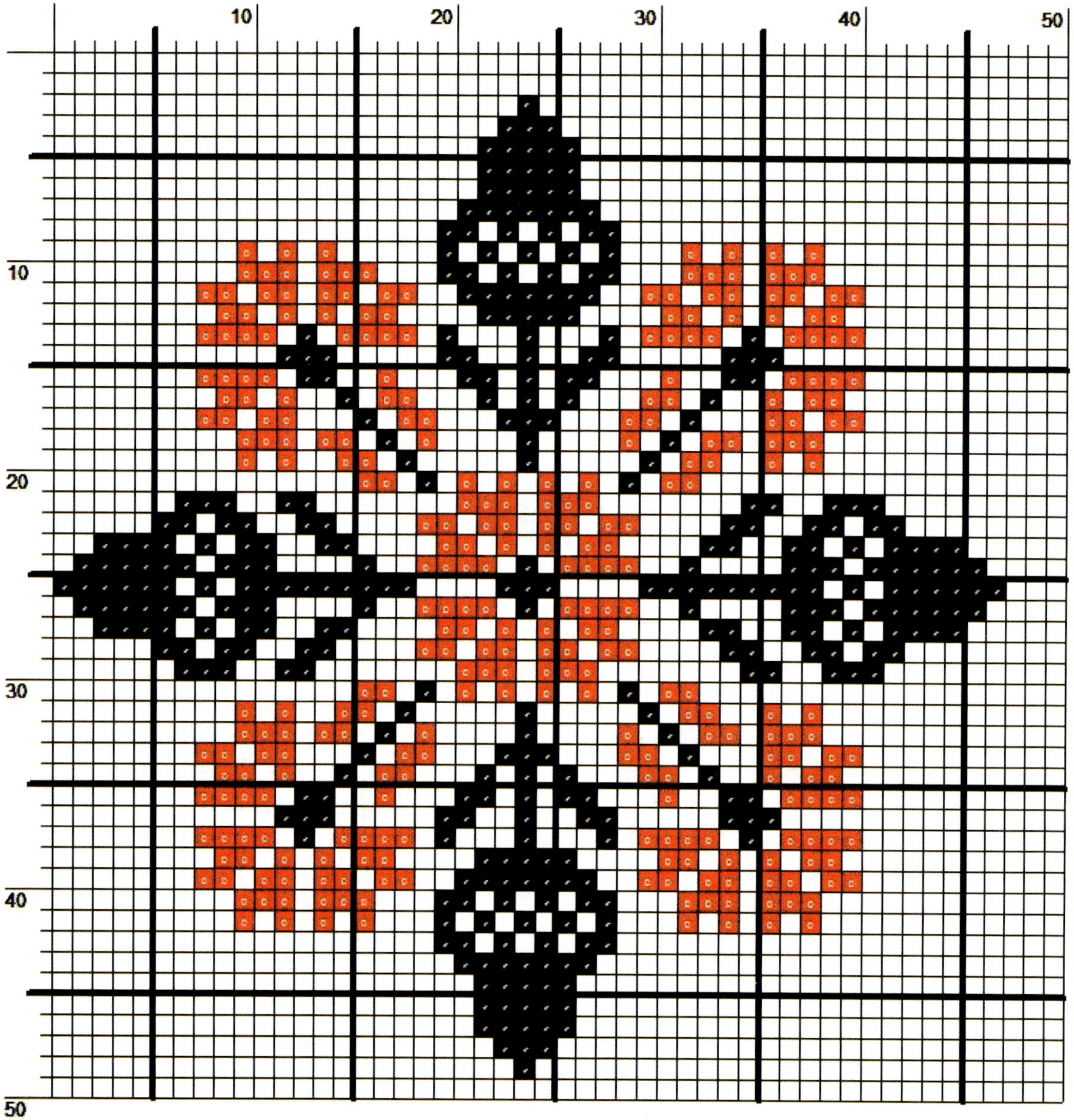

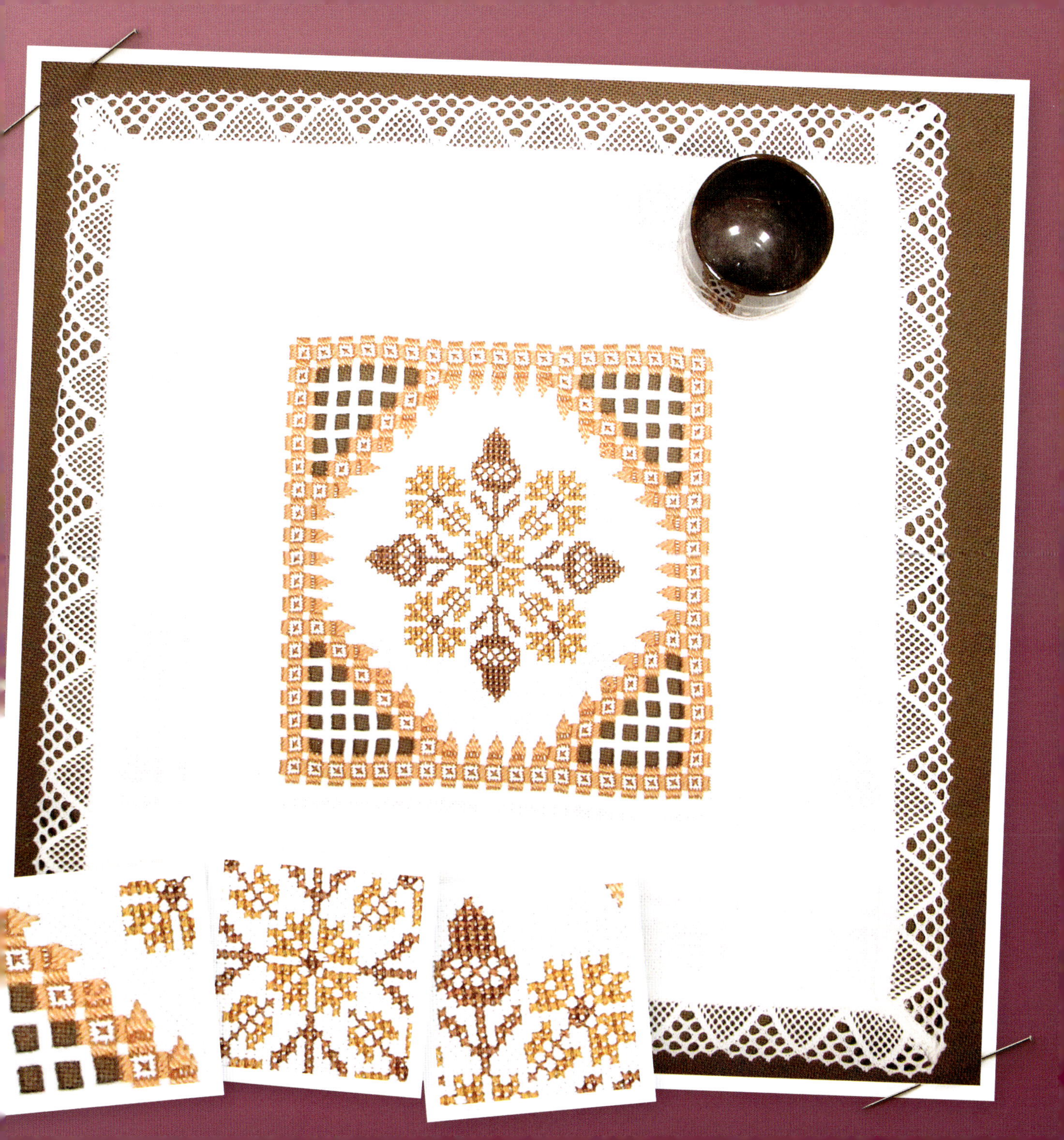

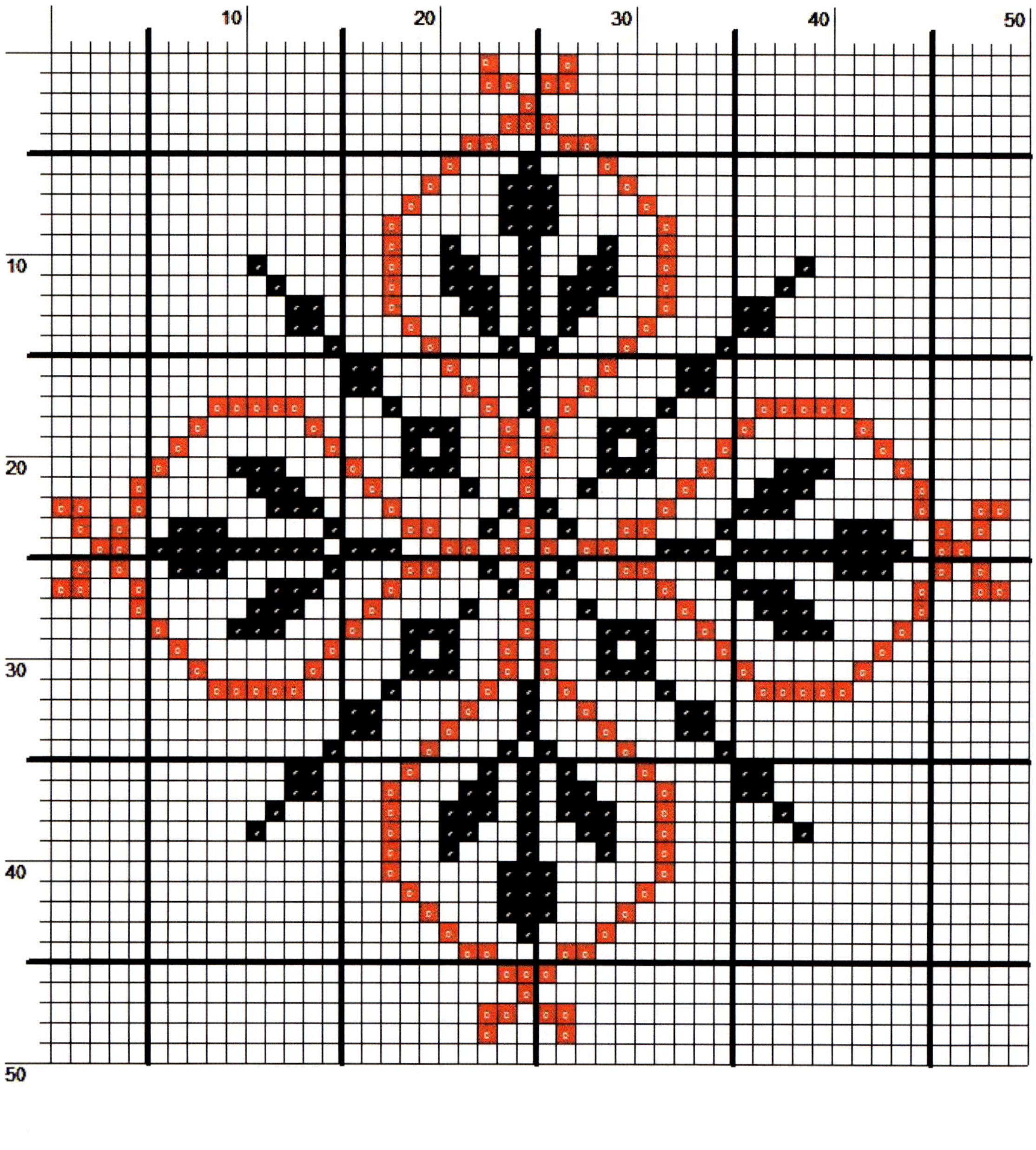

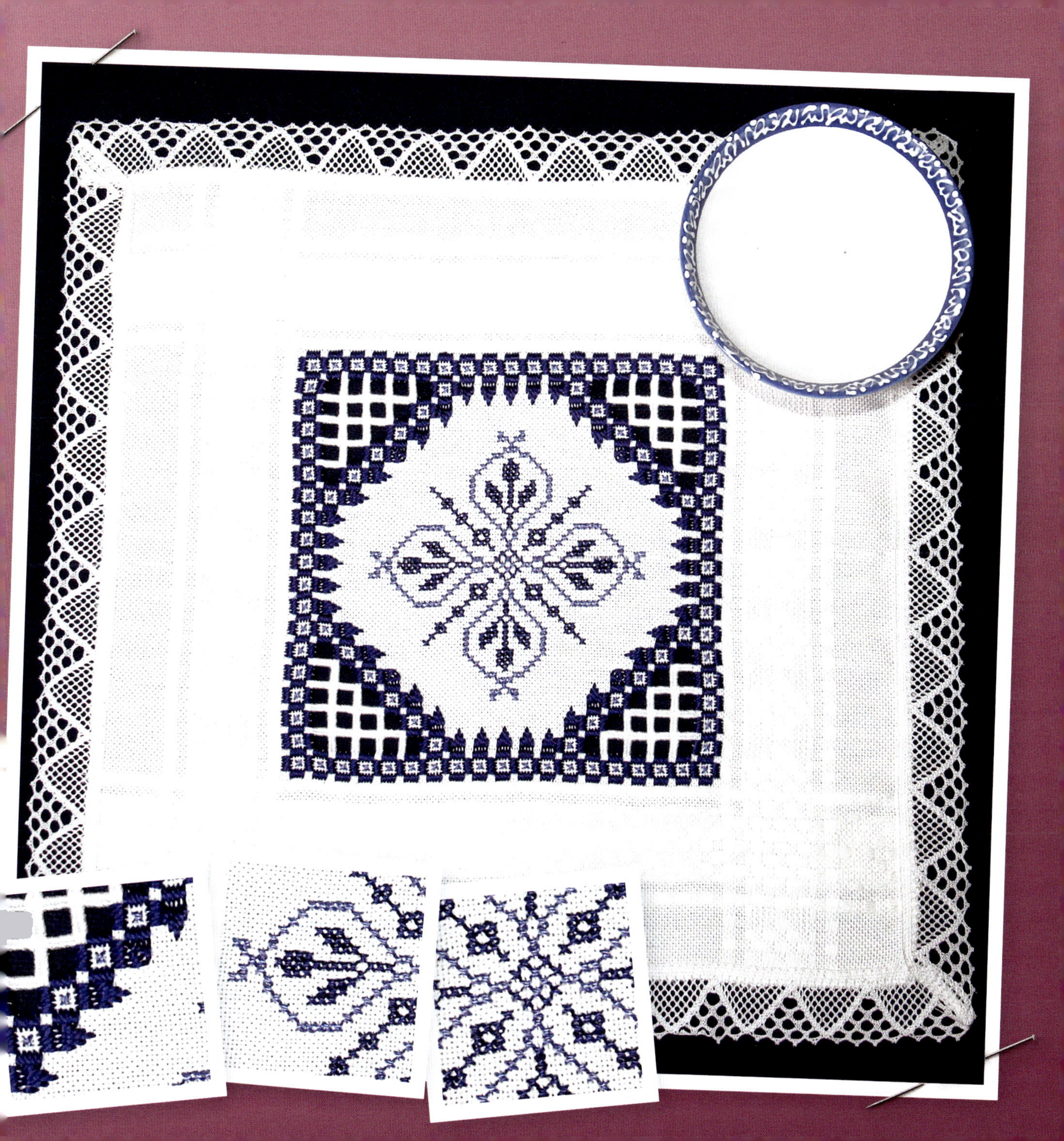

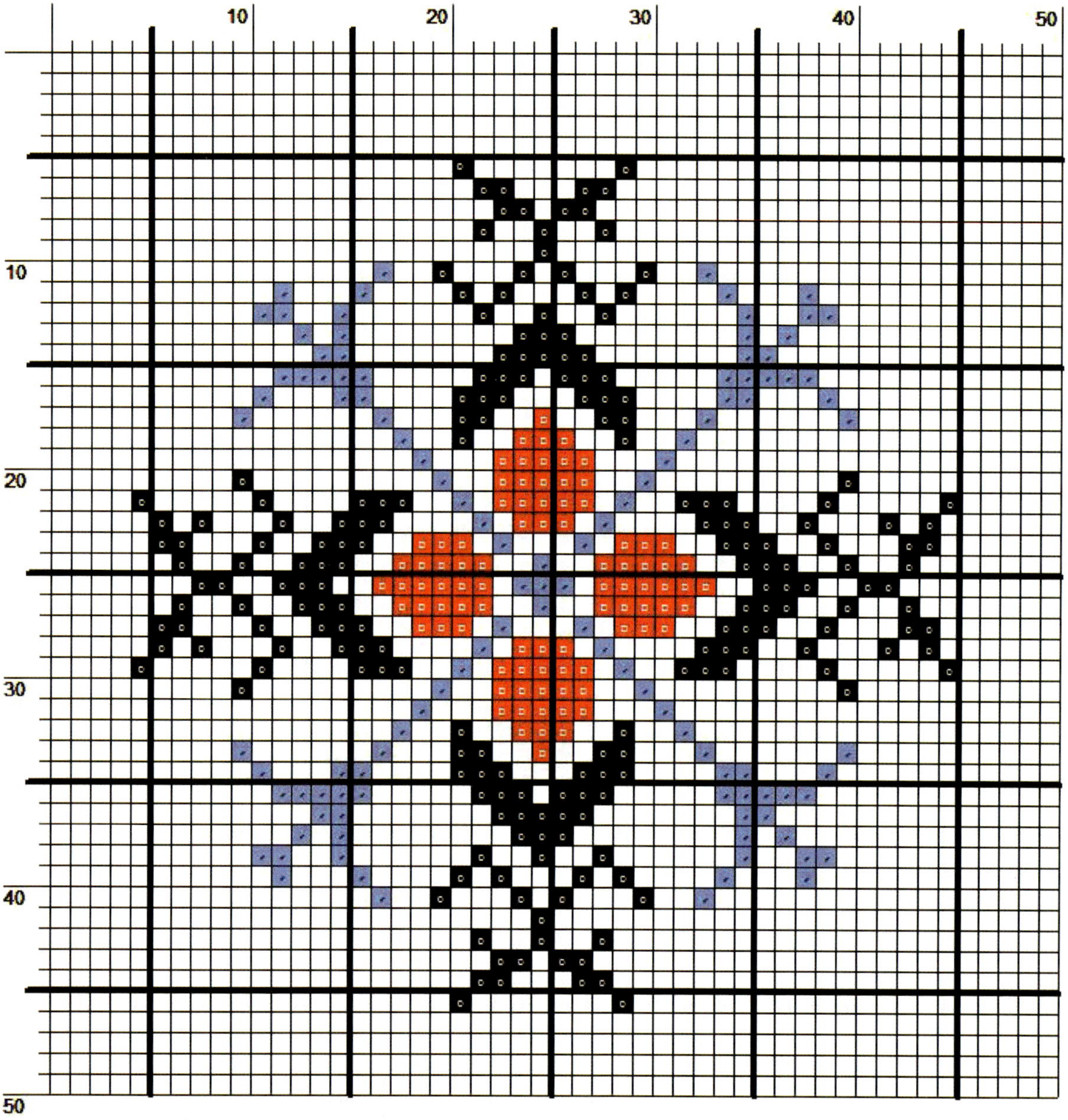
10
20
30
40
50
10
20
30
40
50

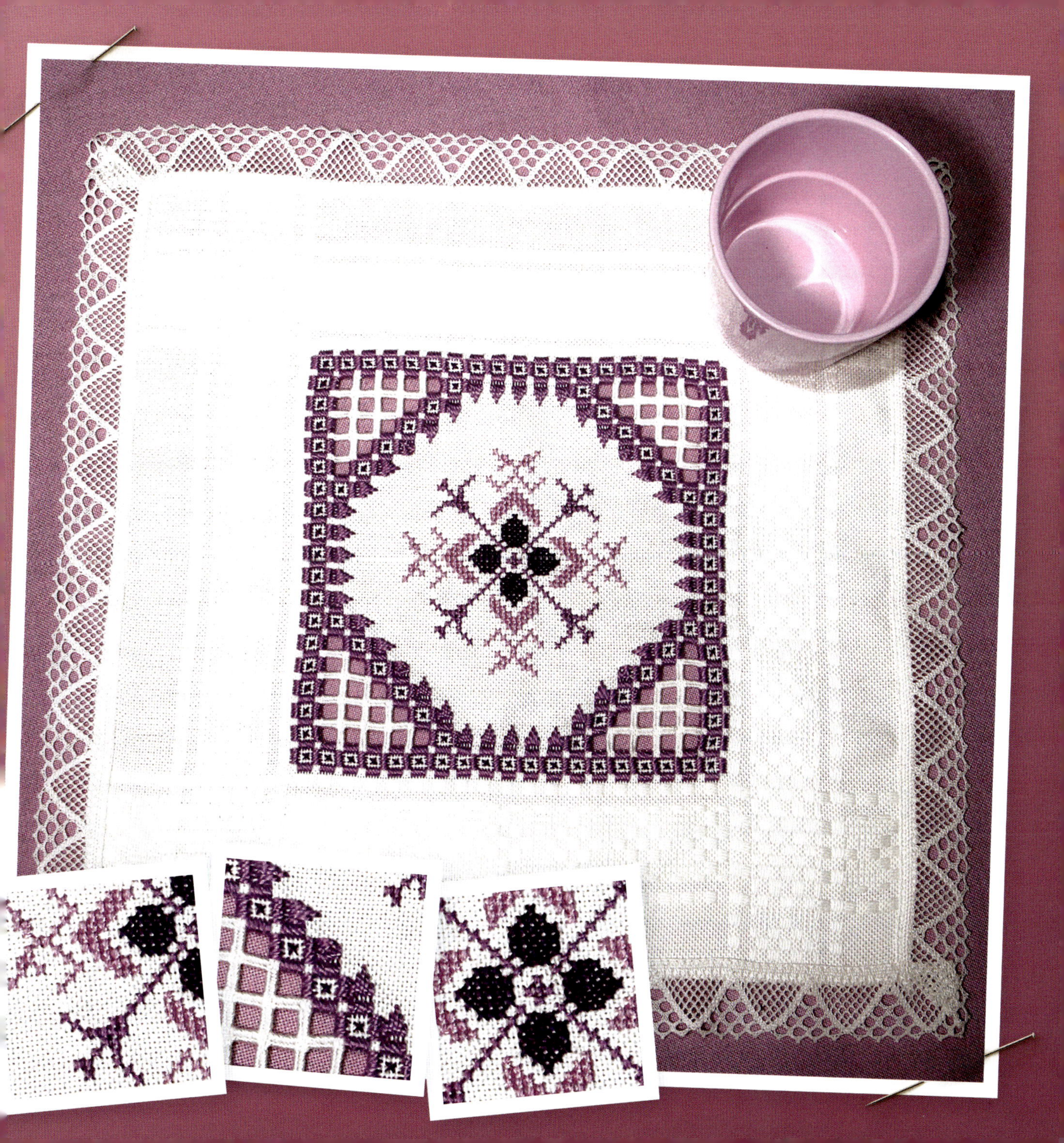

„Ein Modell in Arbeit"

Zwei Ecken sind fertig, die unten links „ausgeschnitten", die oben links ist noch gar nicht angefangen

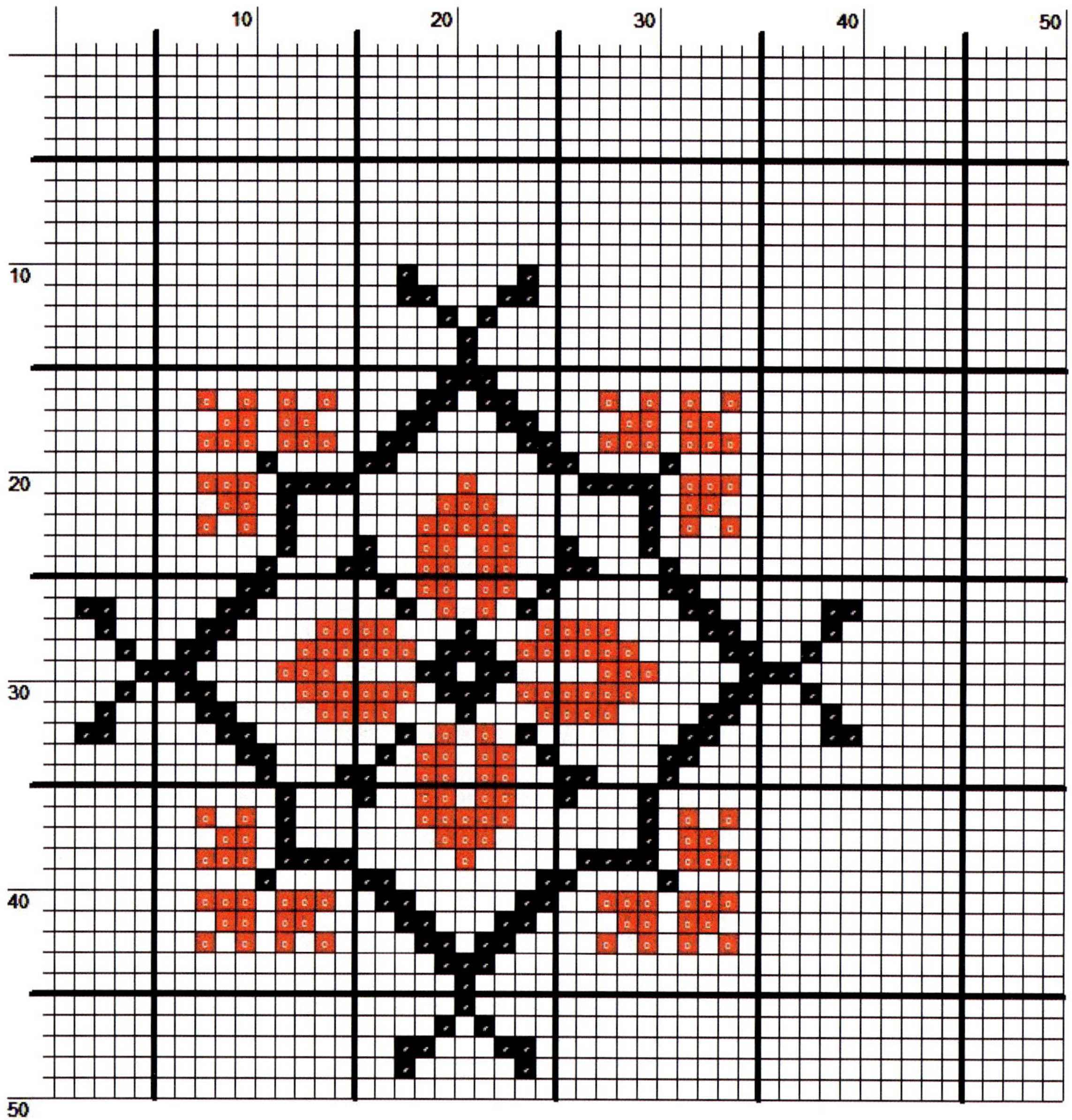

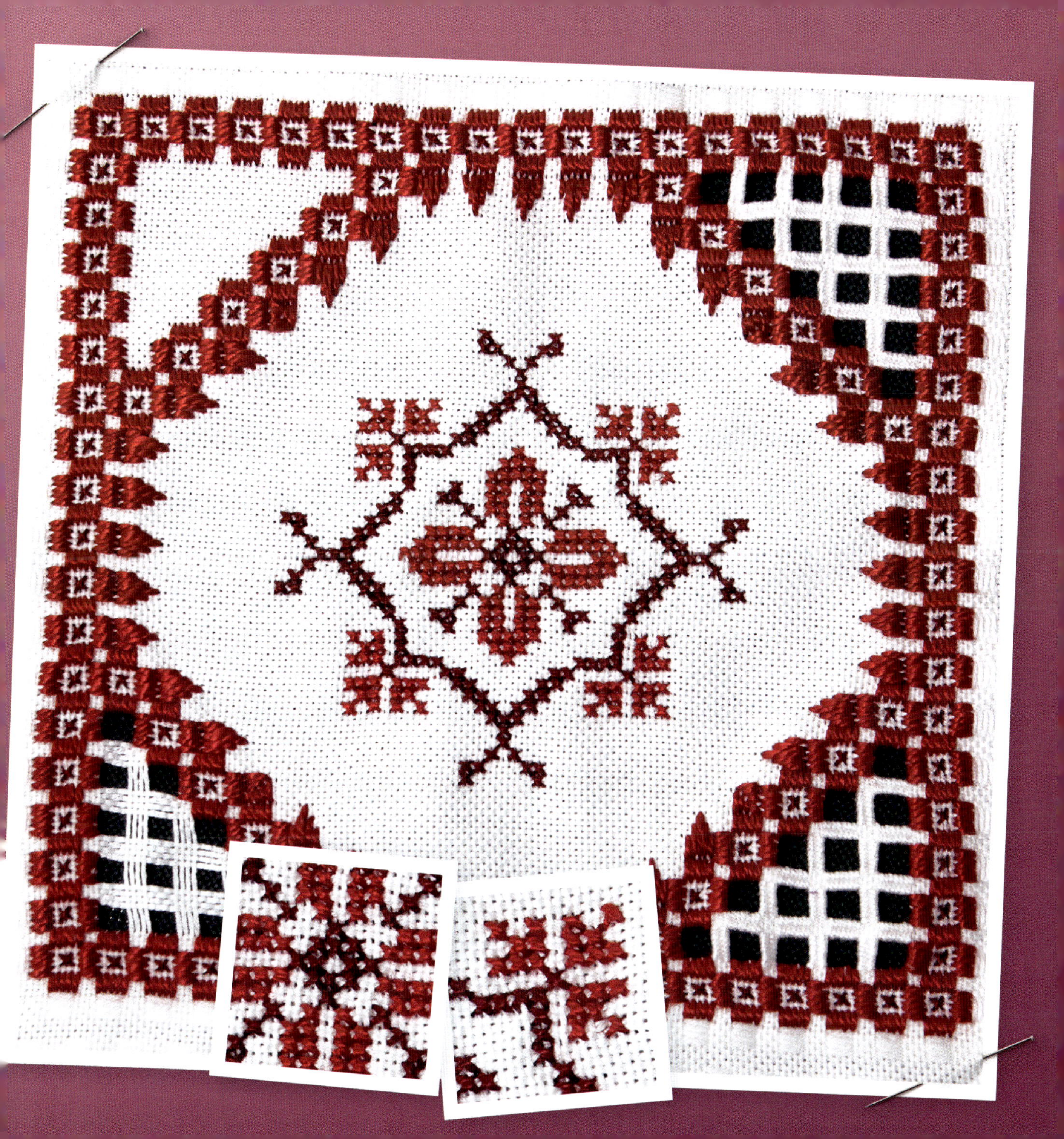

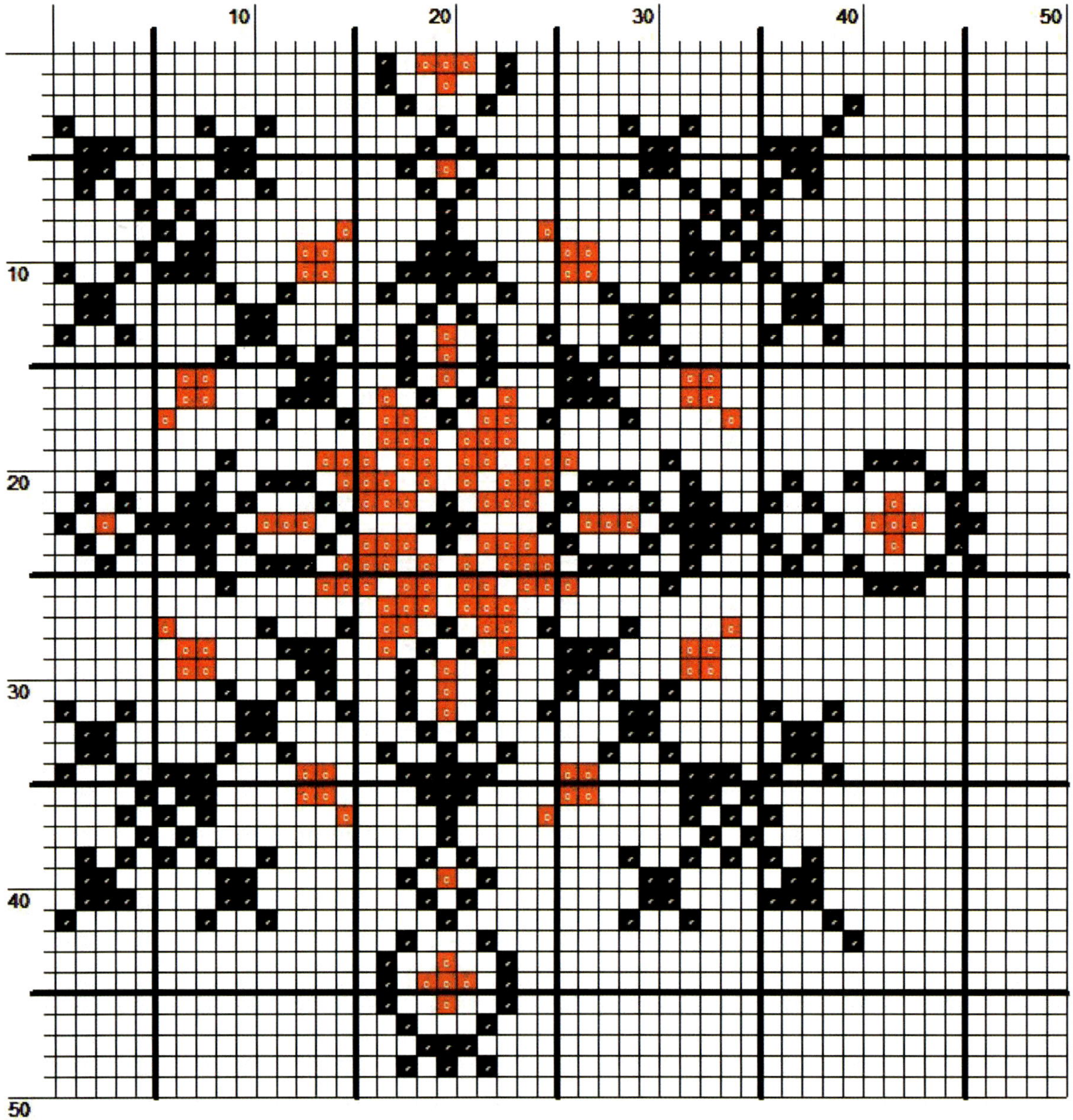
10
20
30
40
50
10
20
30
40
50

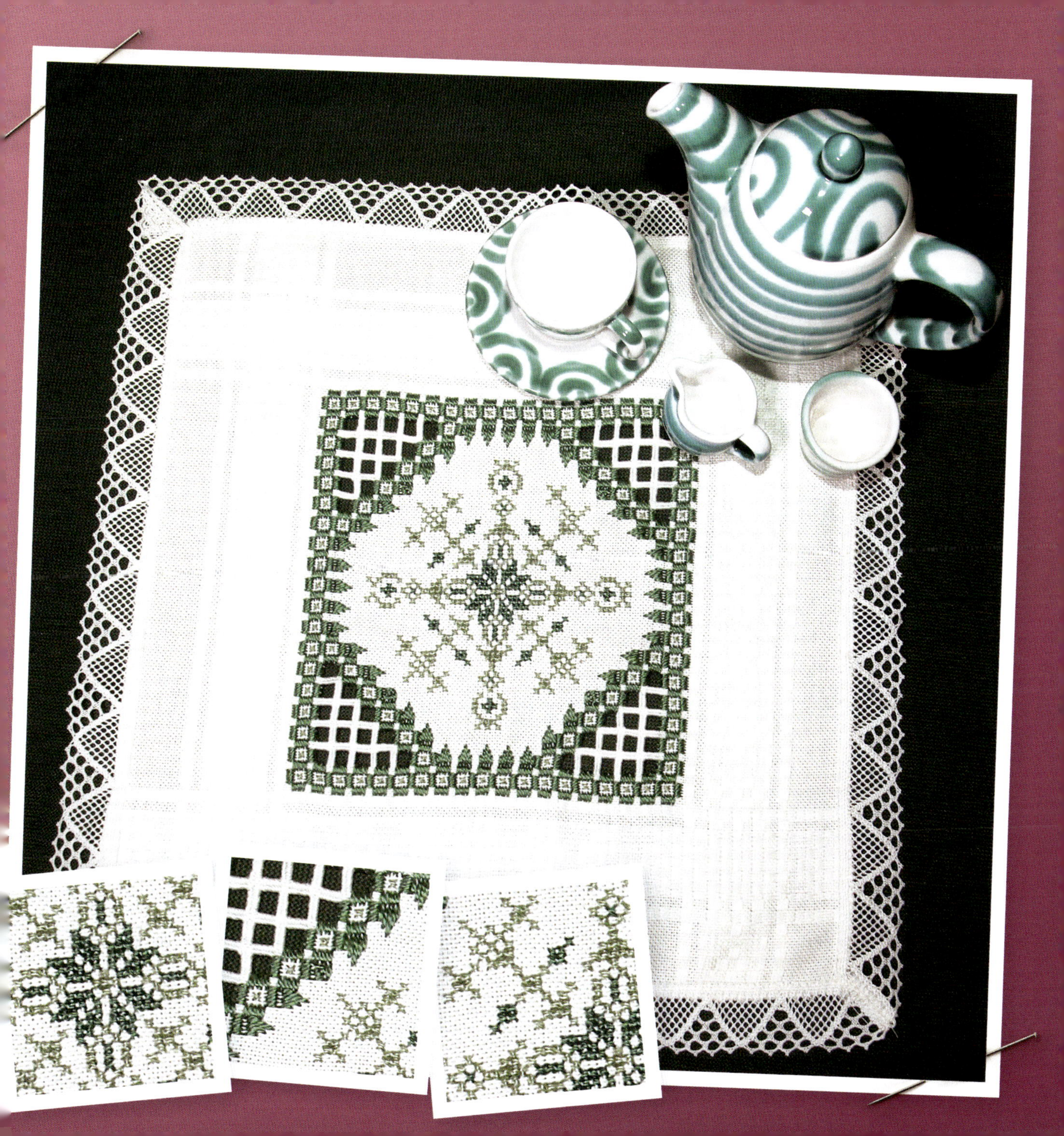

Es geht auch Ton in Ton

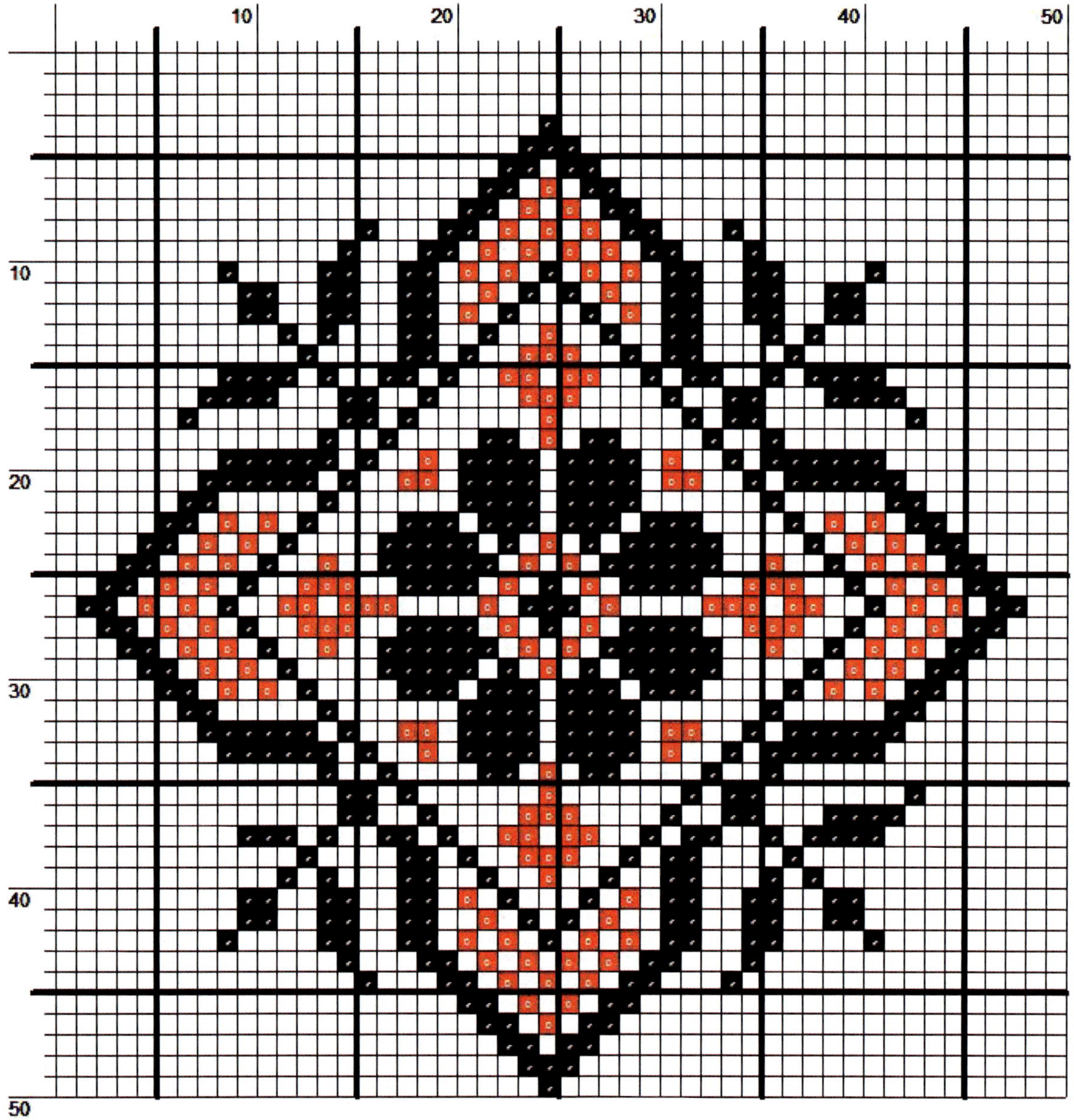

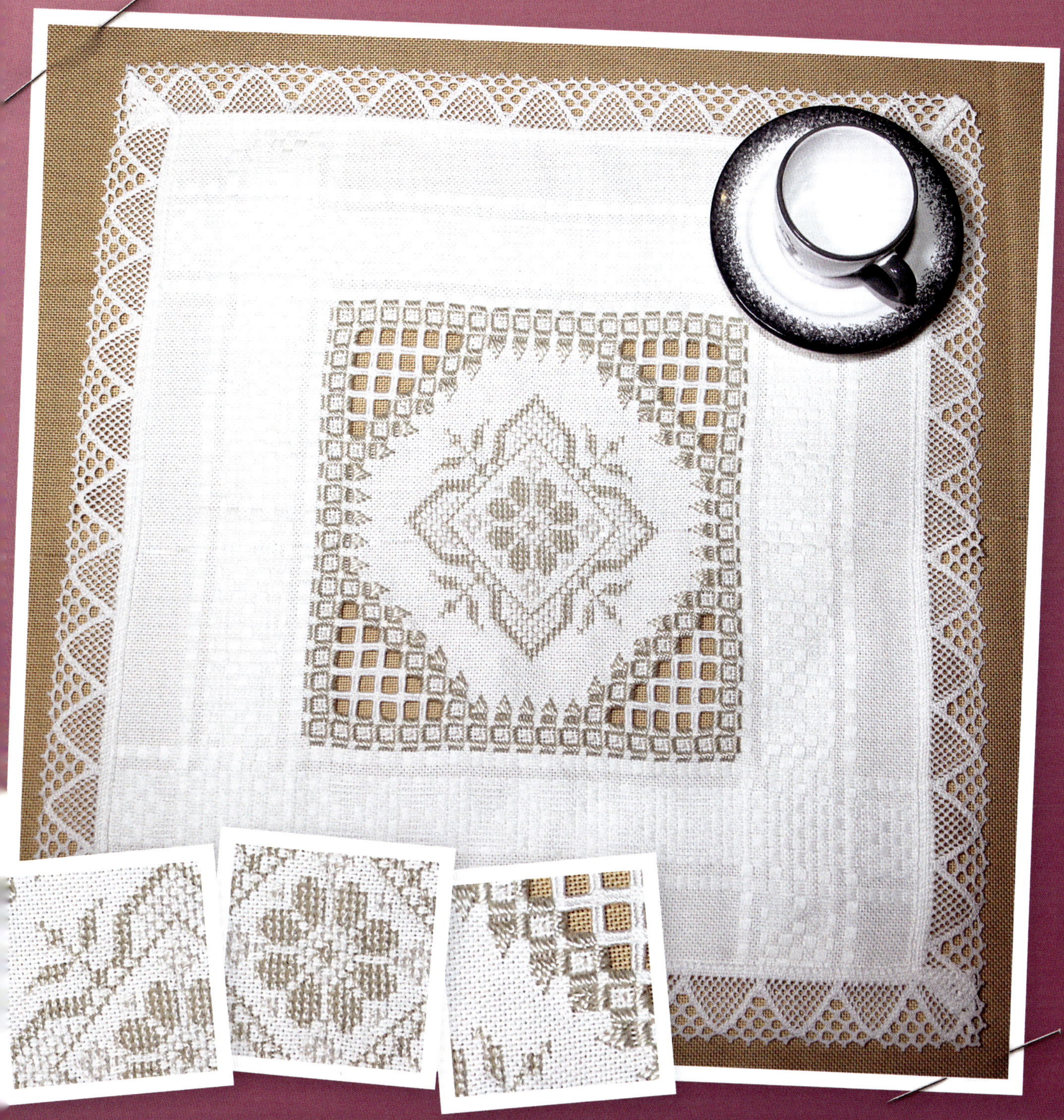

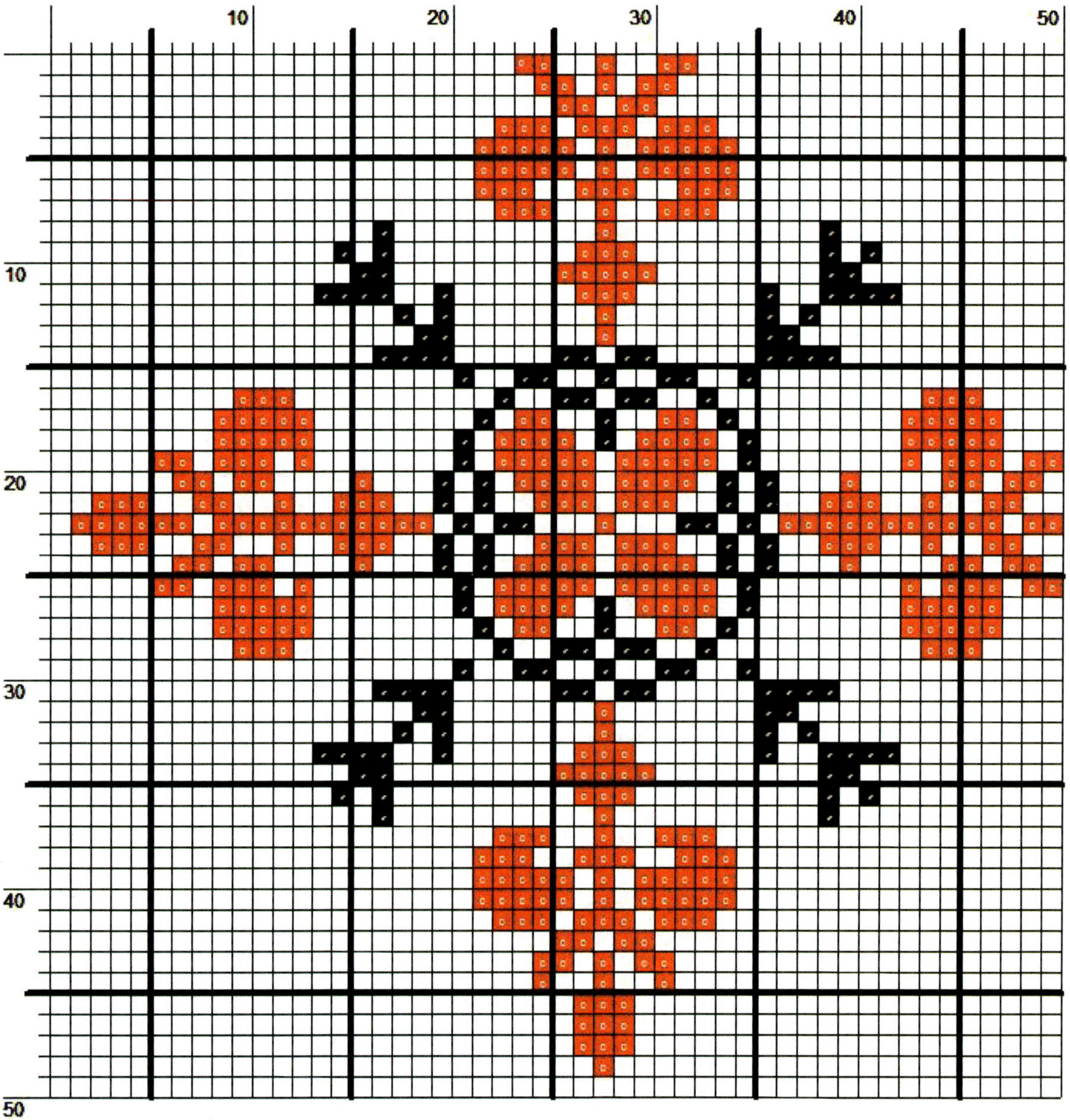

10
20
30
40
50
10
20
30
40
50

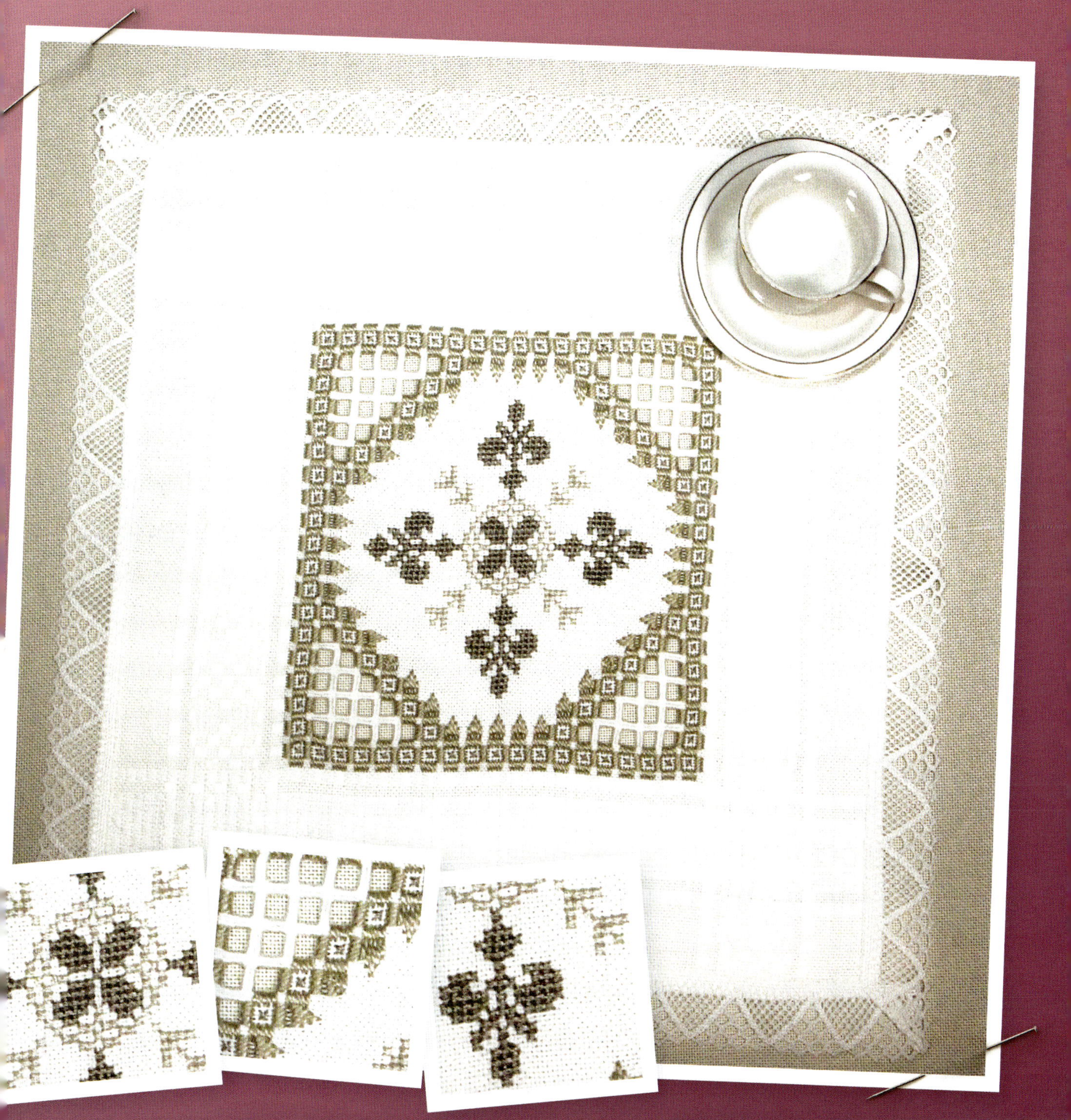

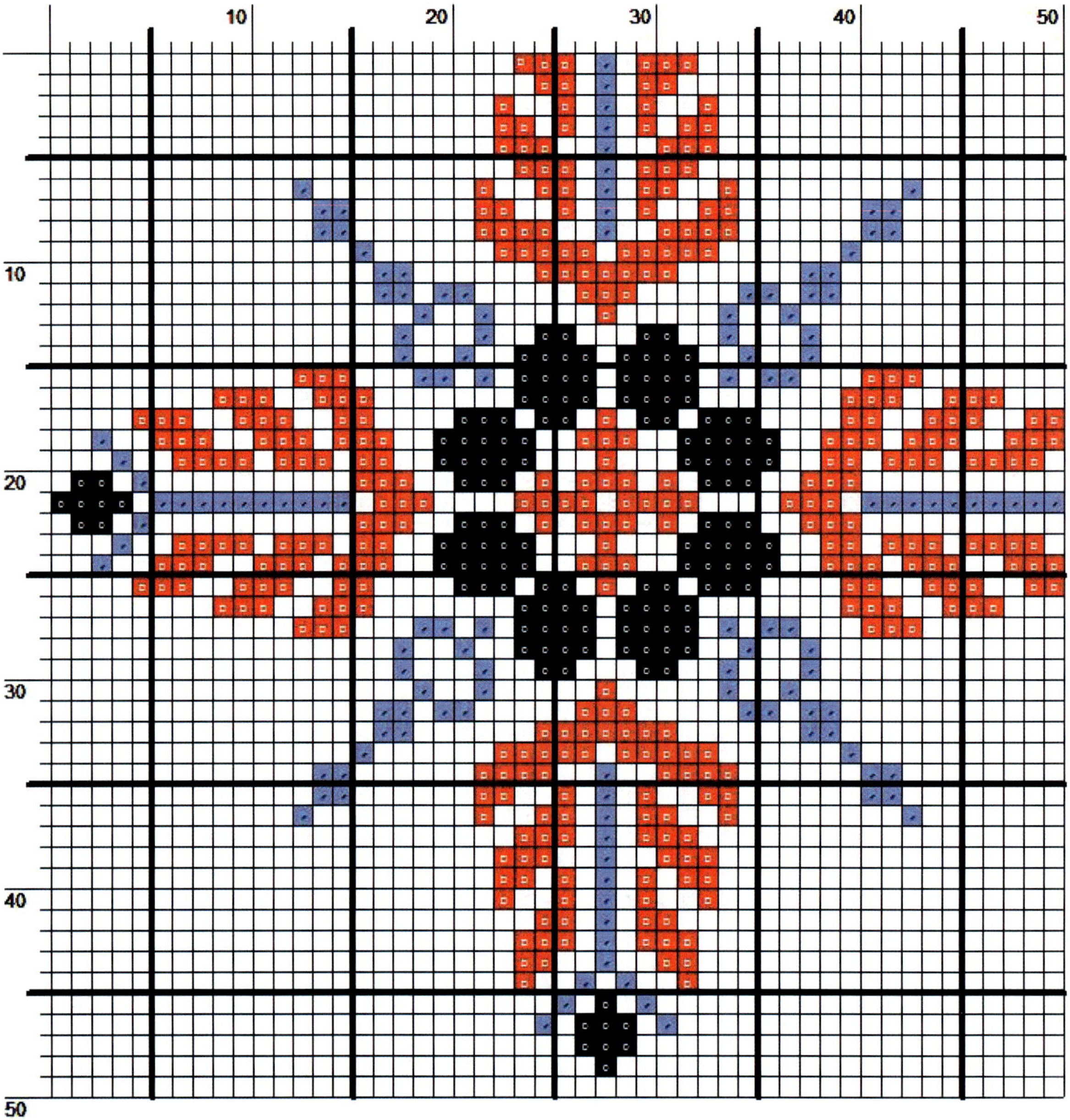
10
20
30
40
50
10
20
30
40
50

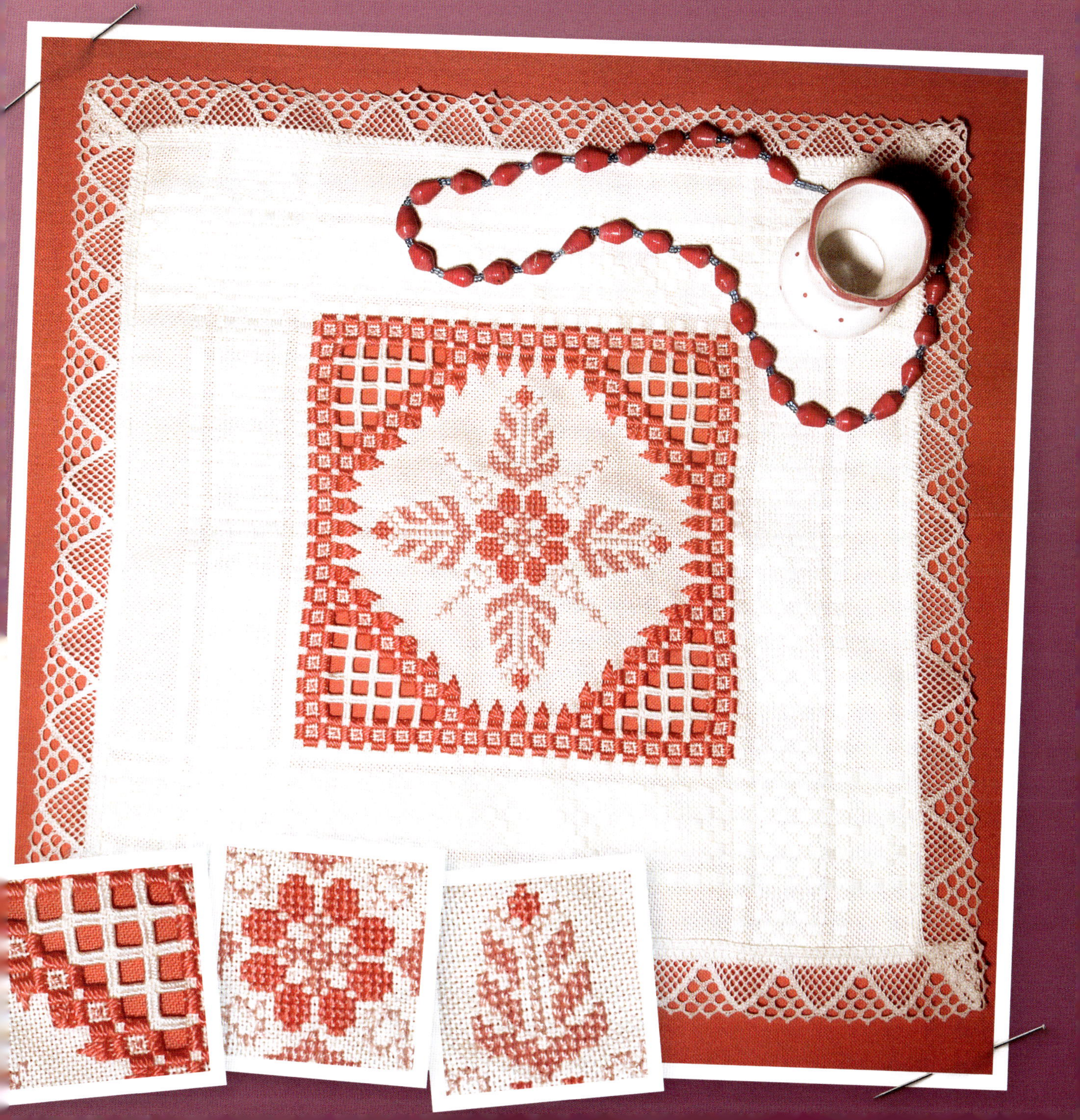

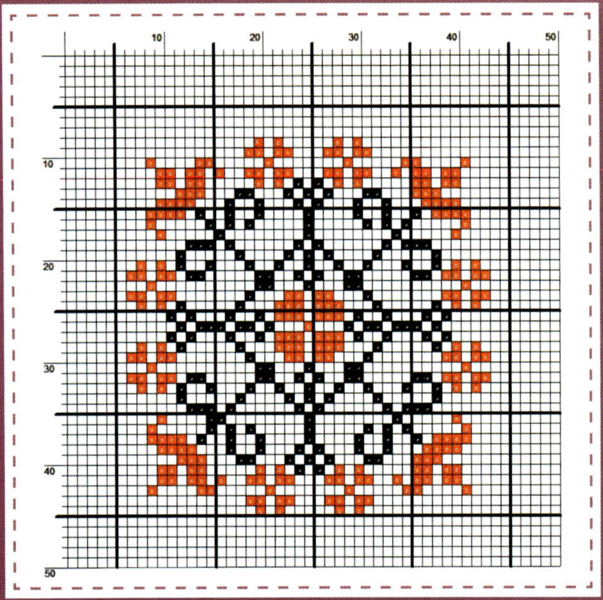
10
20
30
40
50
10
20
30
40
50

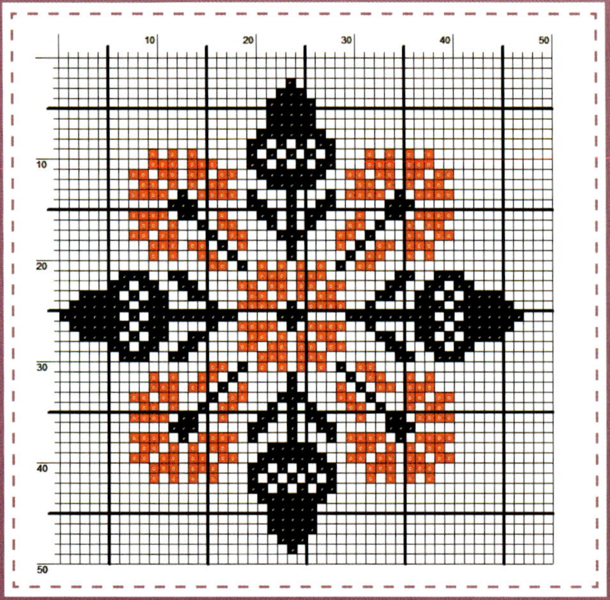
10
20
30
40
50
10
20
30
40
50

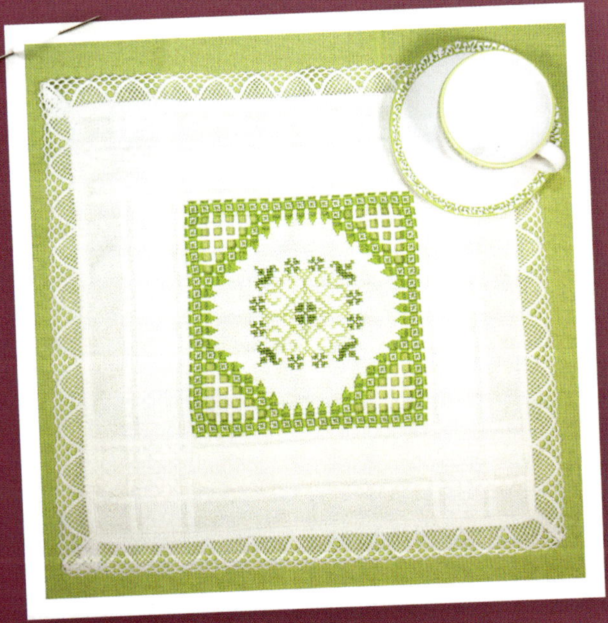

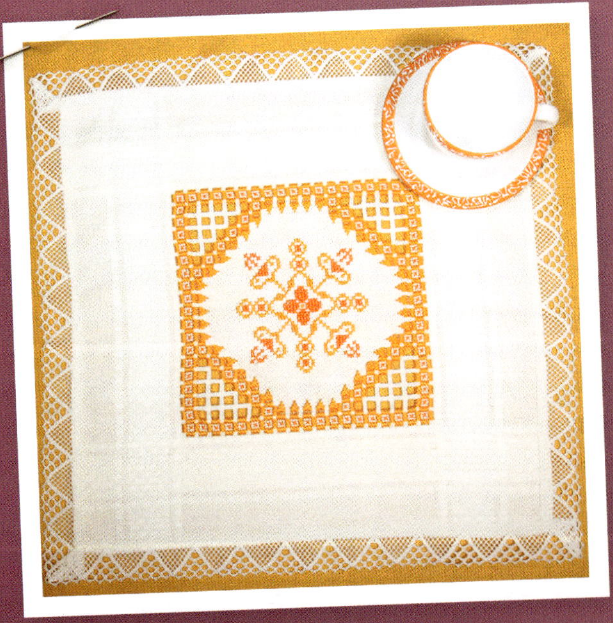

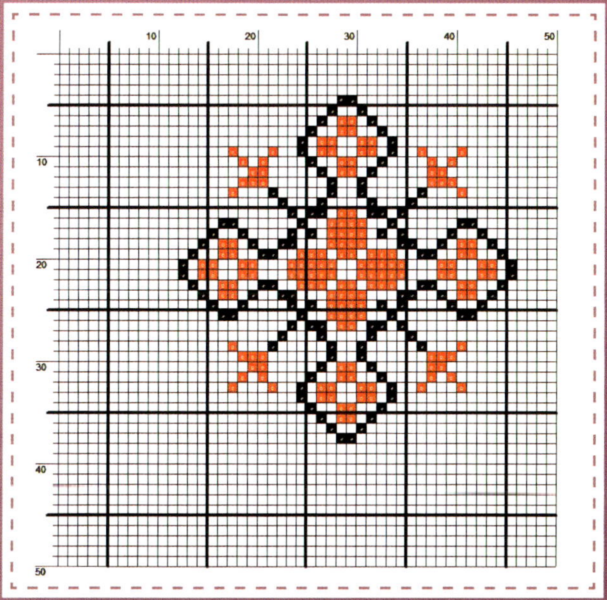
10
20
30
40
50
10
20
30
40
50

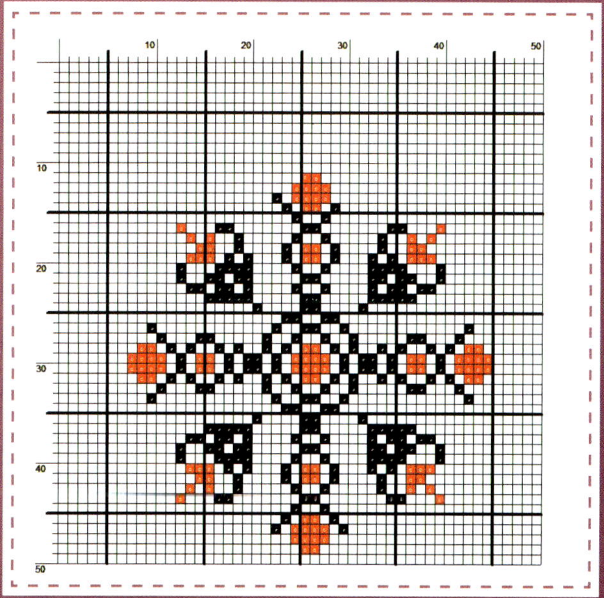
10
20
30
40
50
10
20
30
40
50

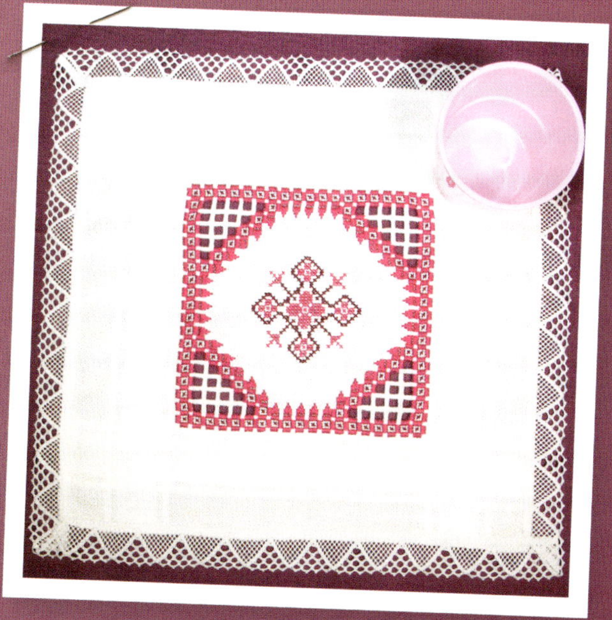

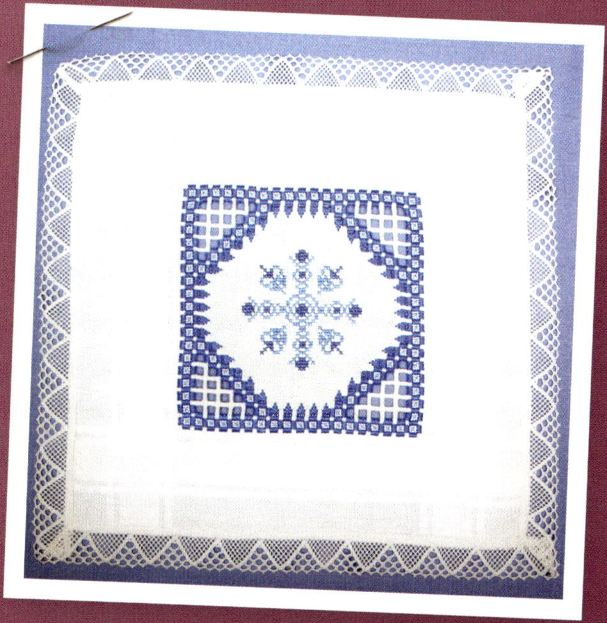

Blau in vielerlei Farbzusammenstellungen

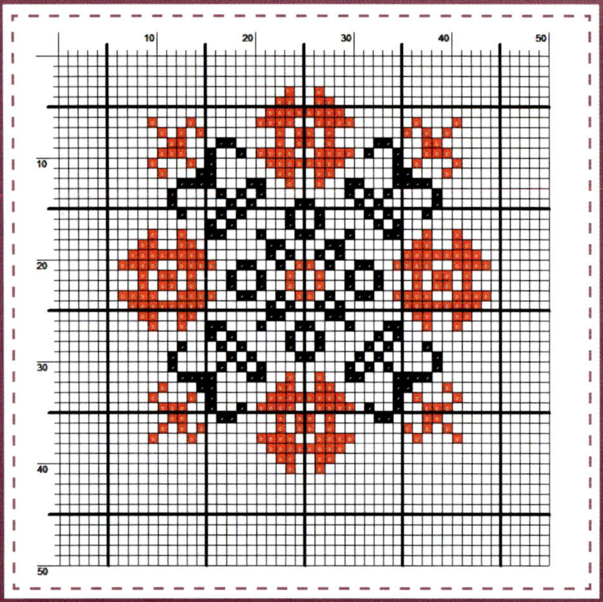

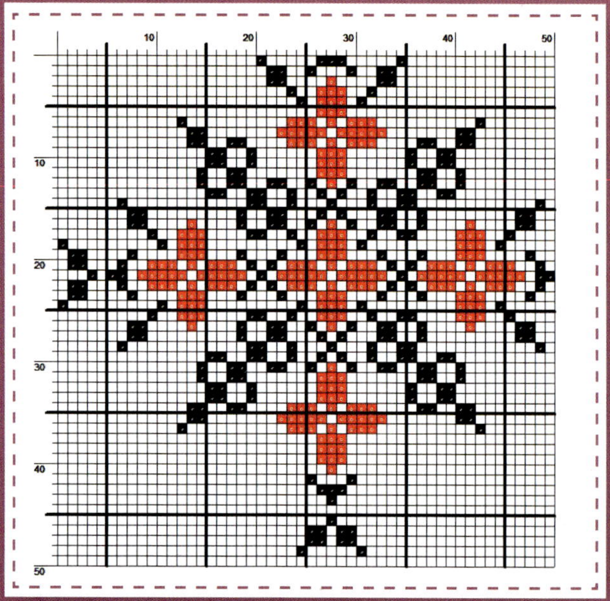

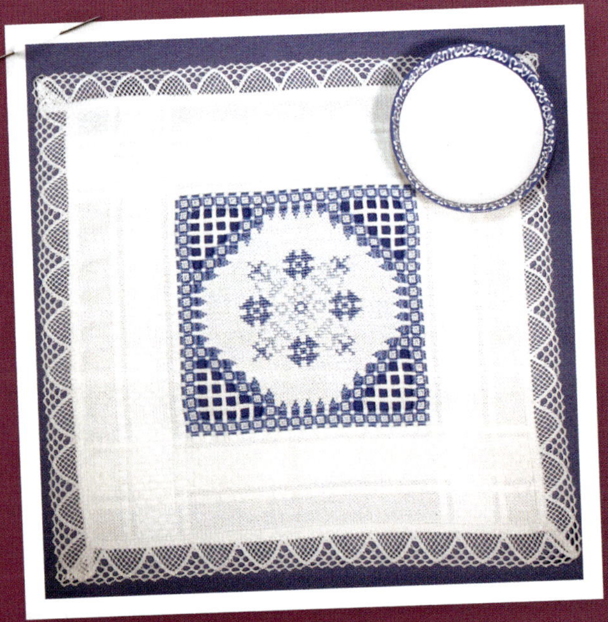

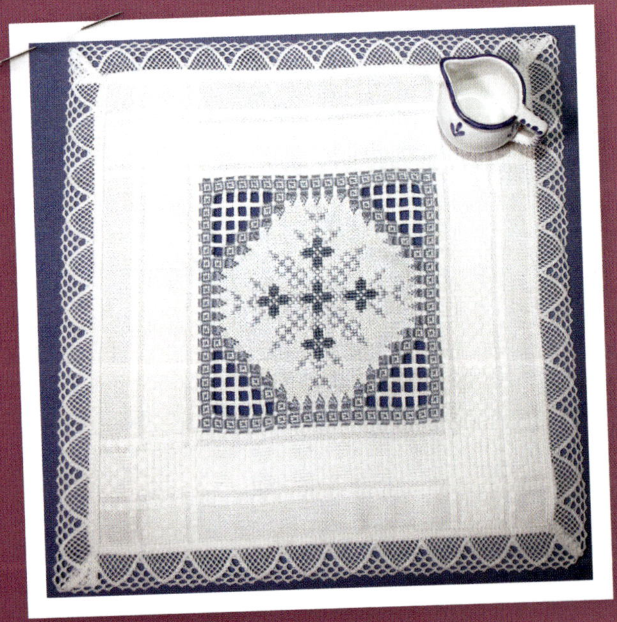

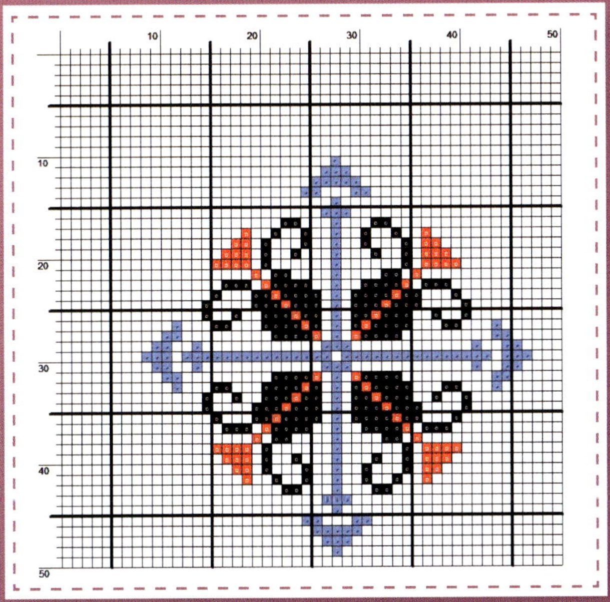
10 20 30 40 50
10 20 30 40 50

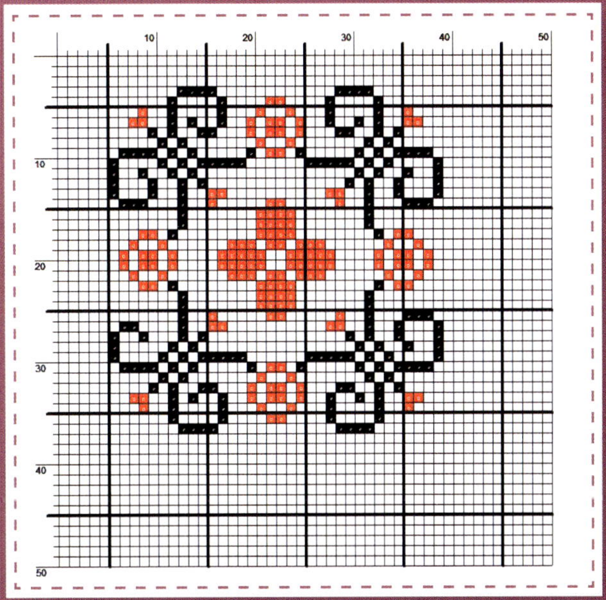
10 20 30 40 50
10 20 30 40 50

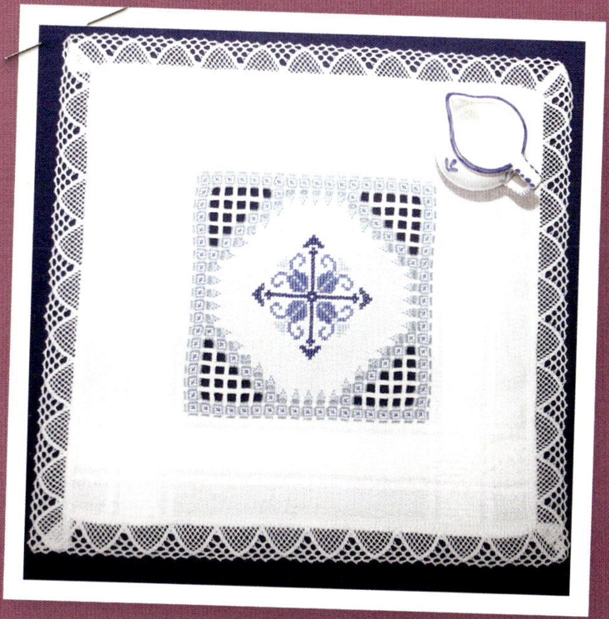

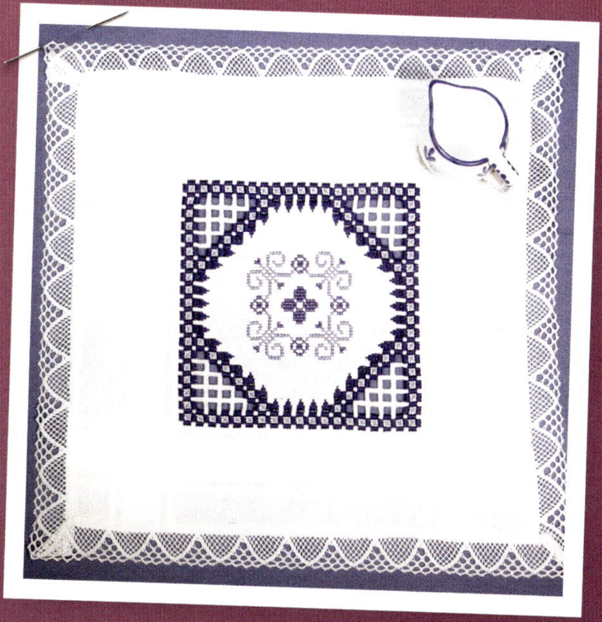

Zweimal Grün – und doch ganz unterschiedlich

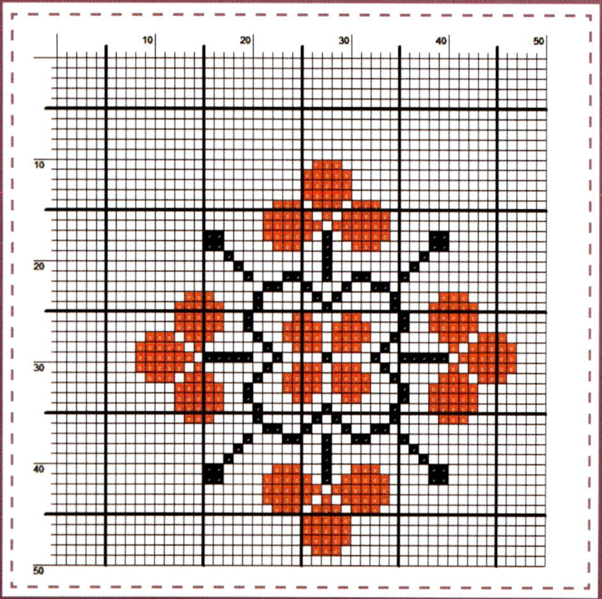

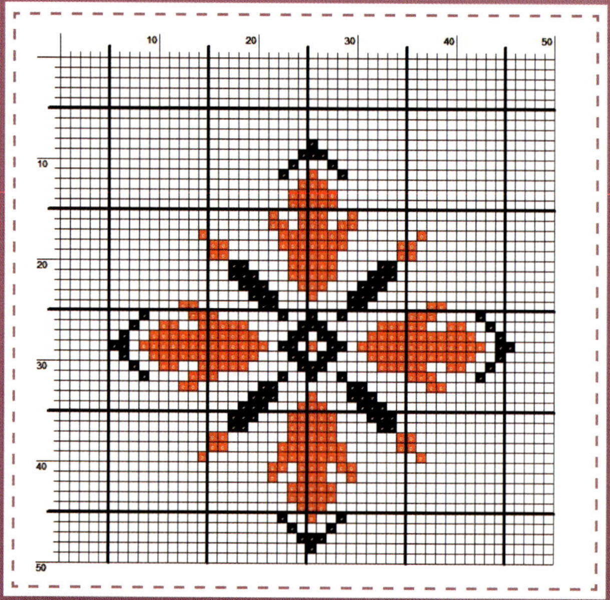

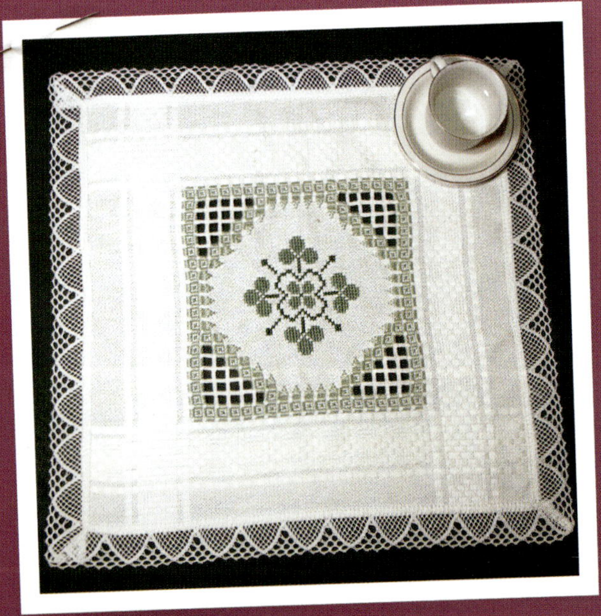

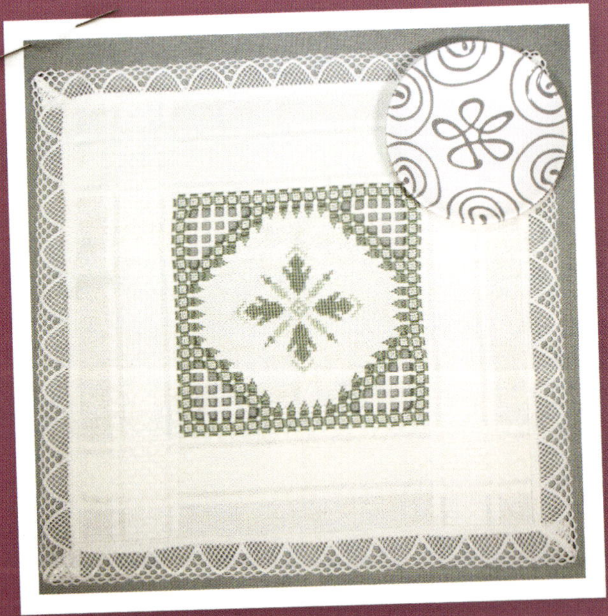

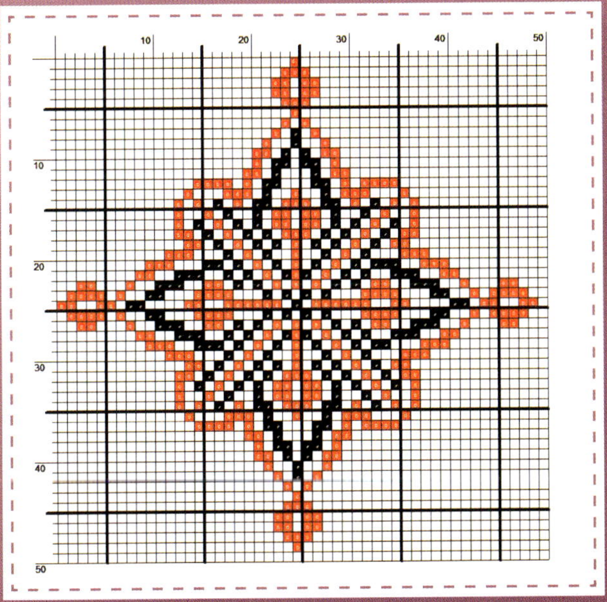
10
20
30
40
50

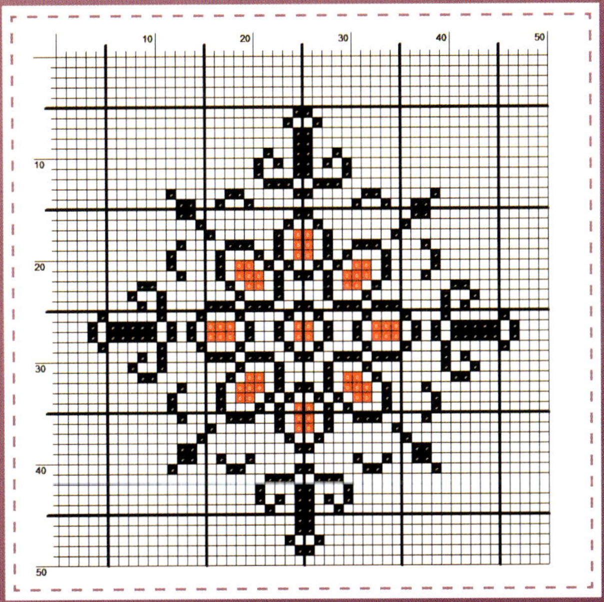
10
20
30
40
50

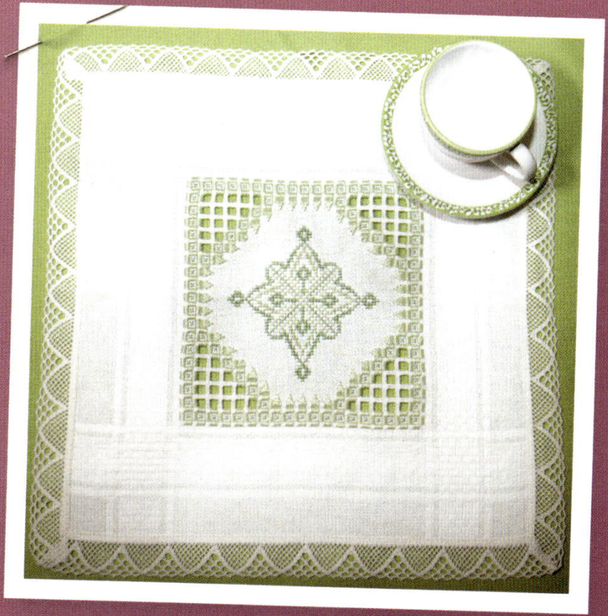

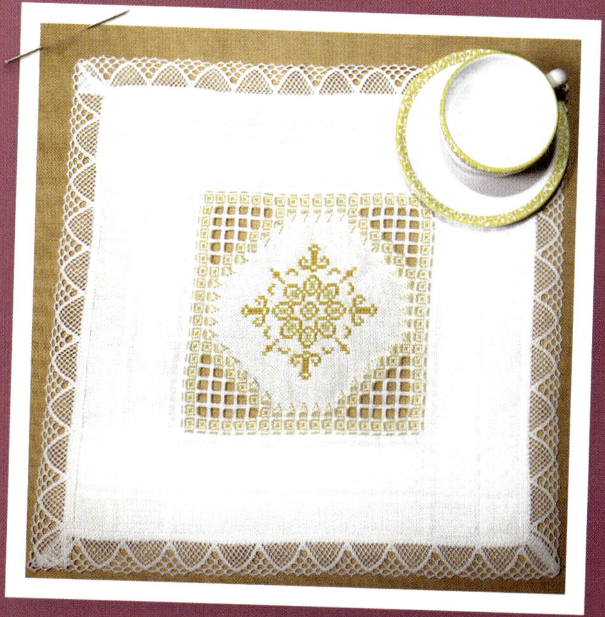

Was Rosa alles kann

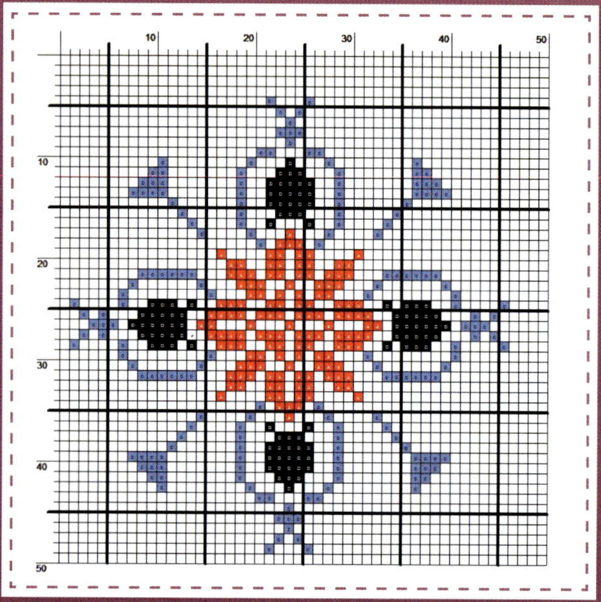

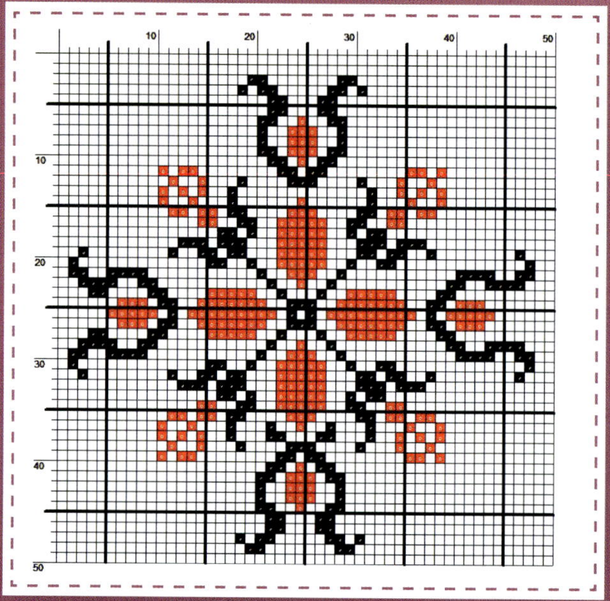

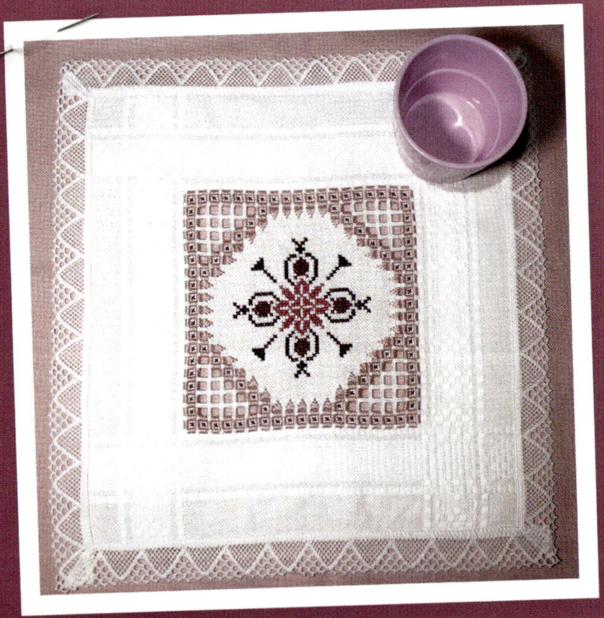

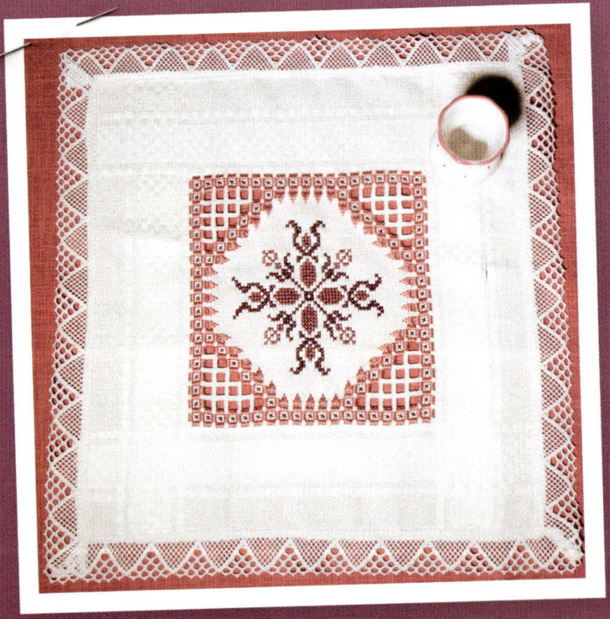

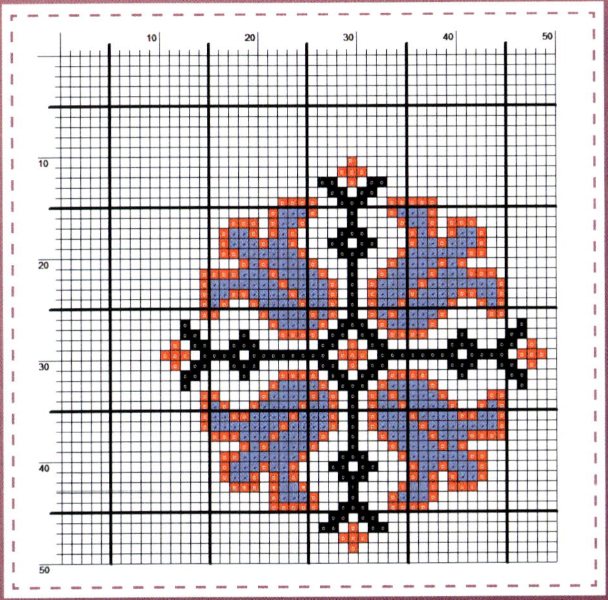

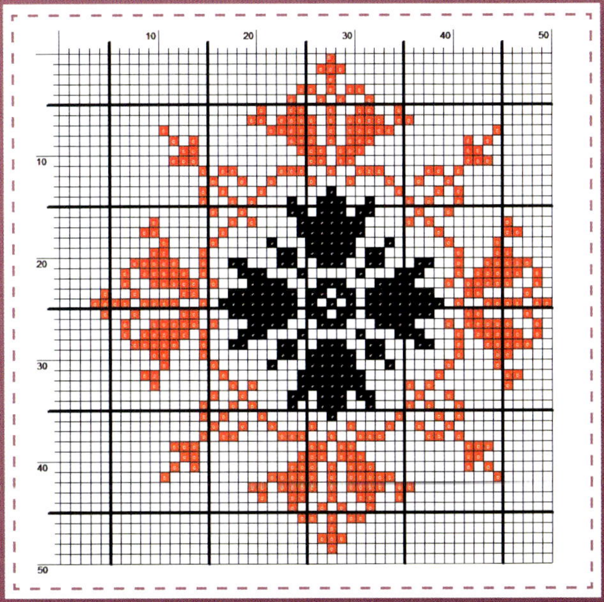

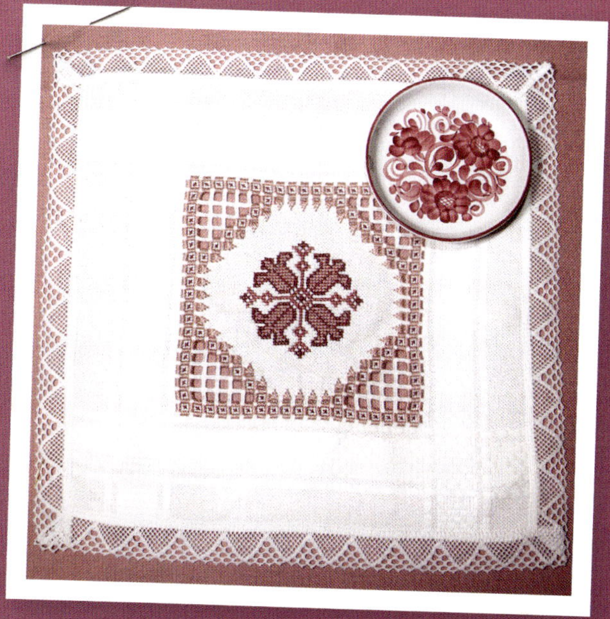

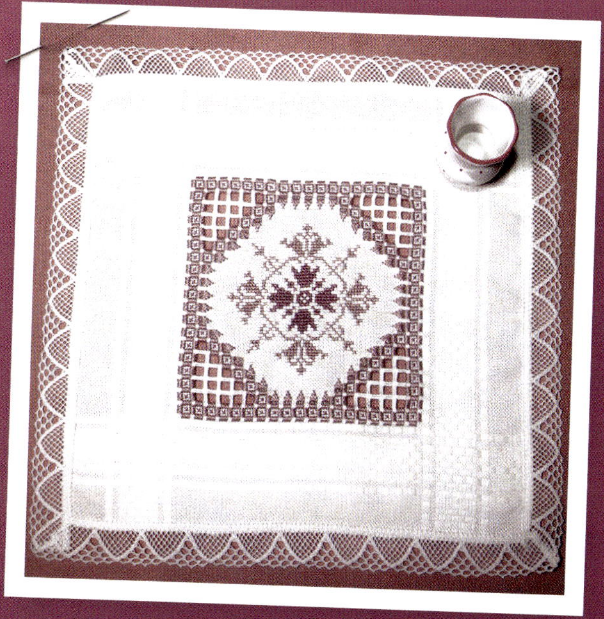

Stilisierte Blüten

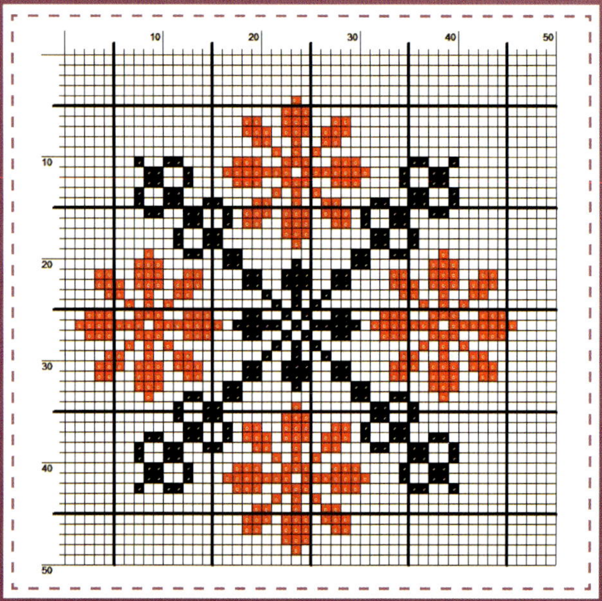

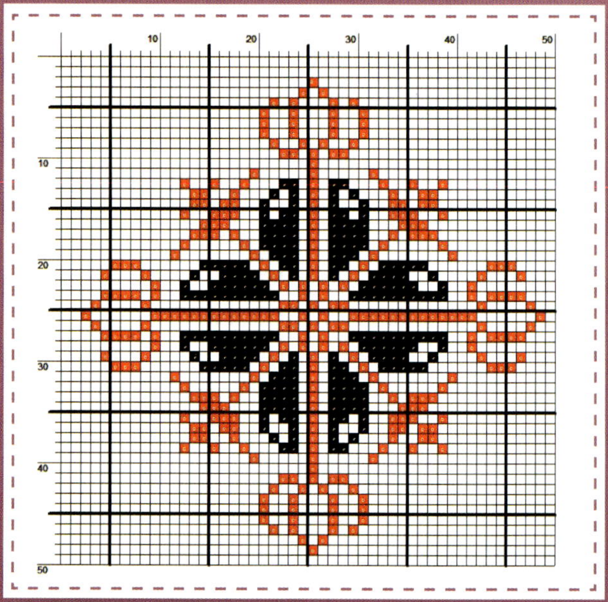

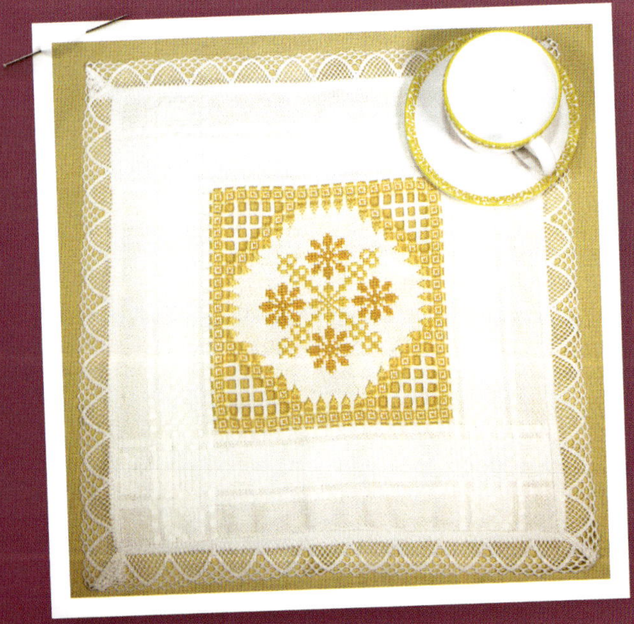

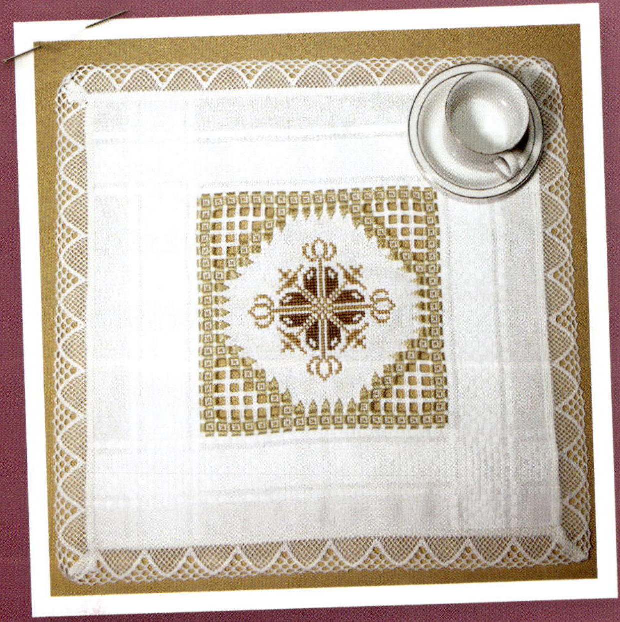

Lachs und Lila möchten gefallen

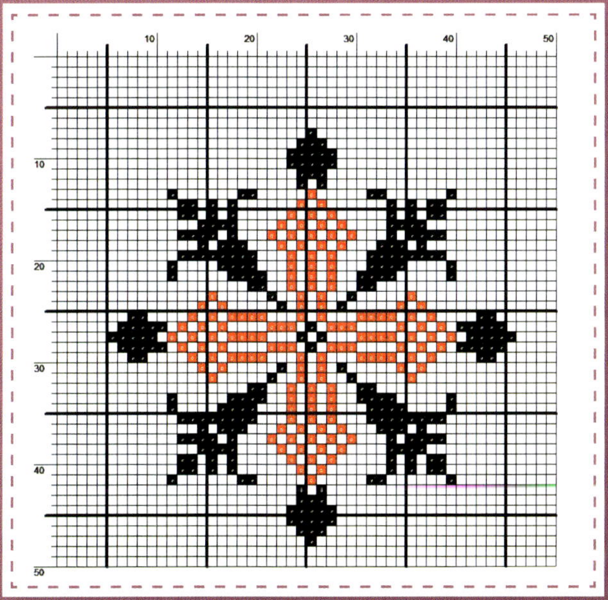

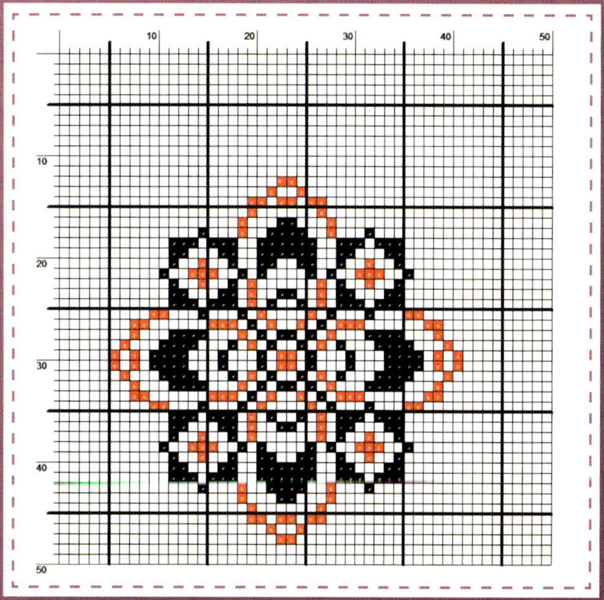

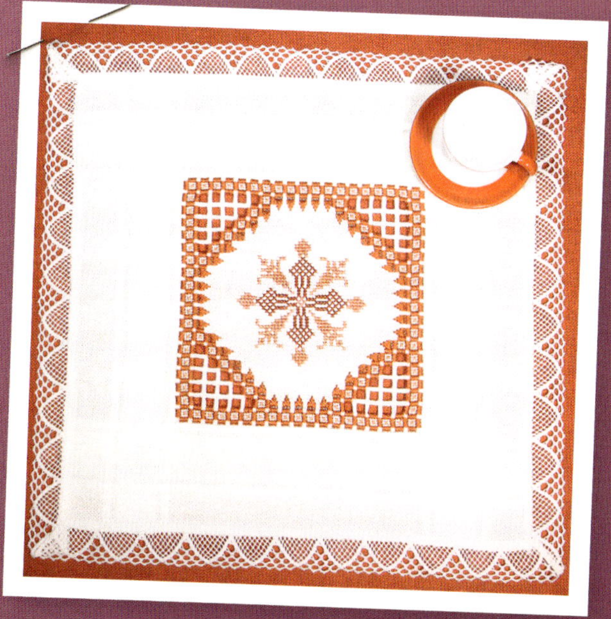

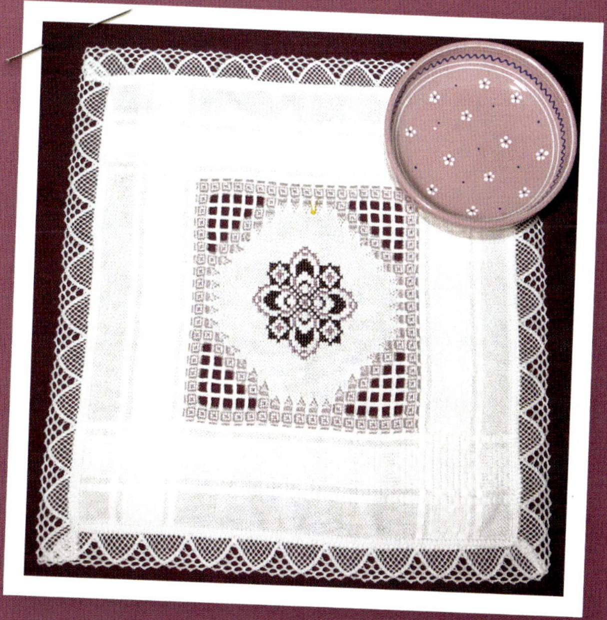

Lila und Lachs

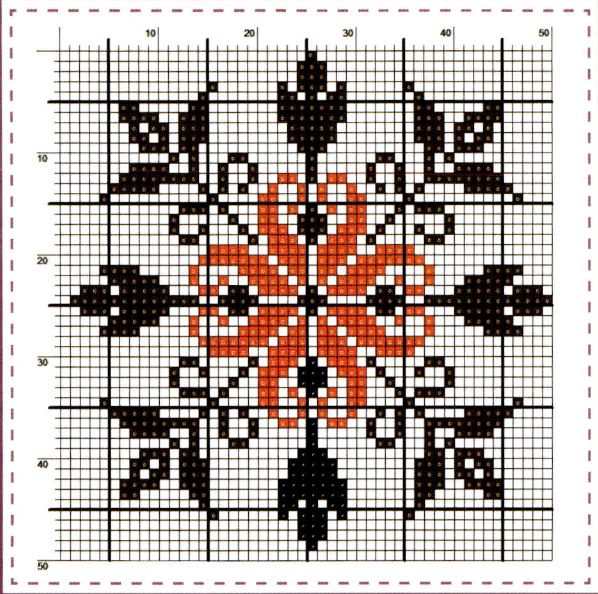

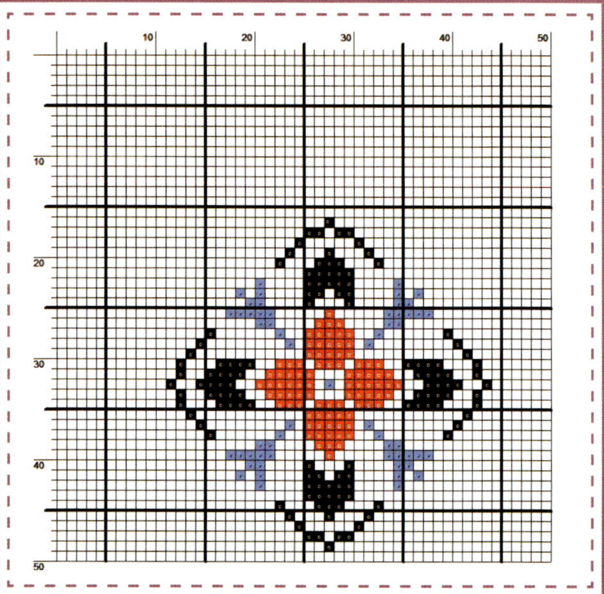

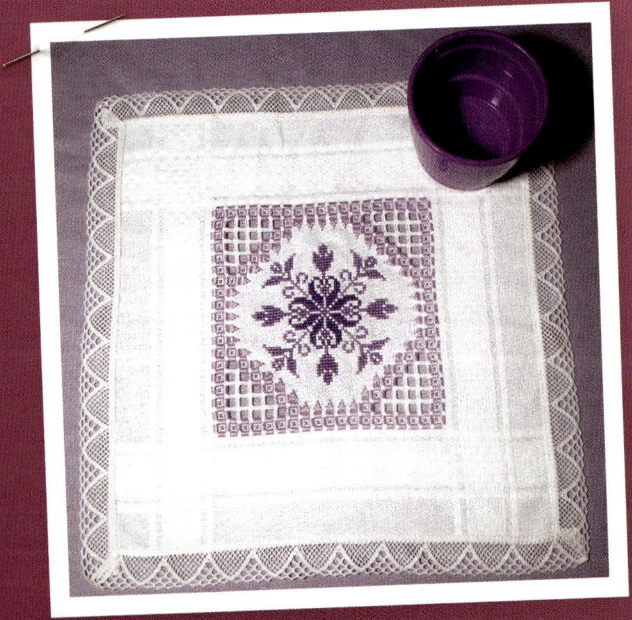

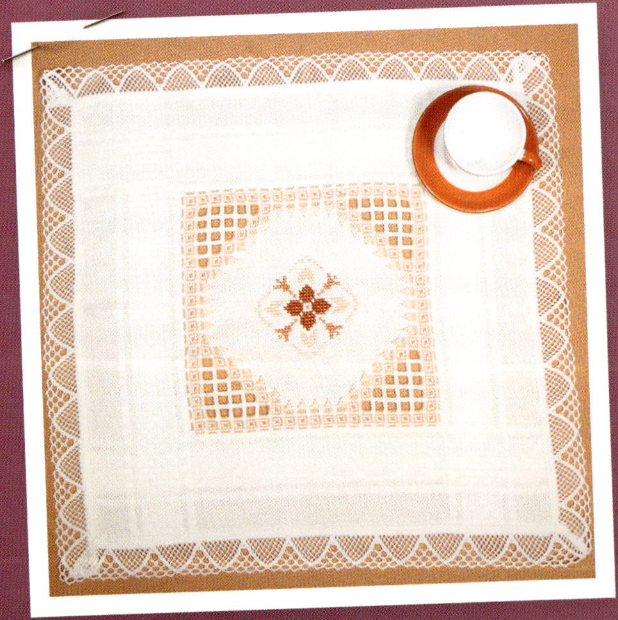

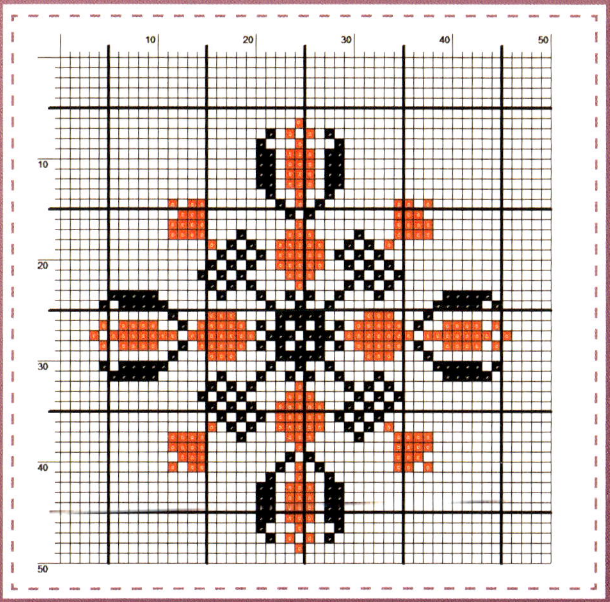
10
20
30
40
50

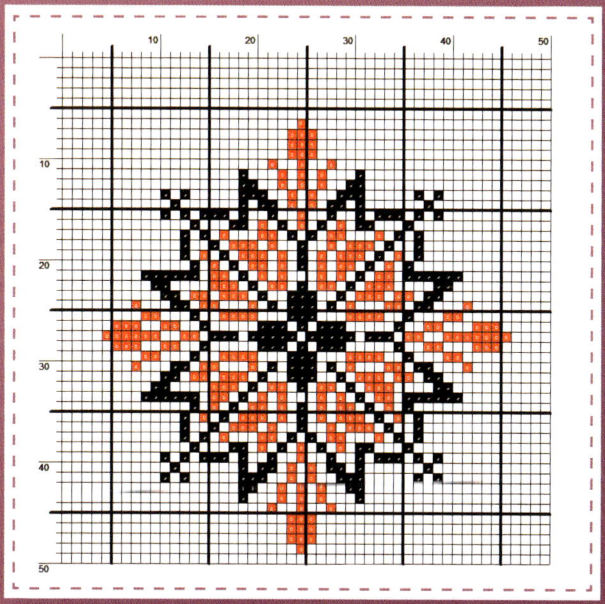
10
20
30
40
50

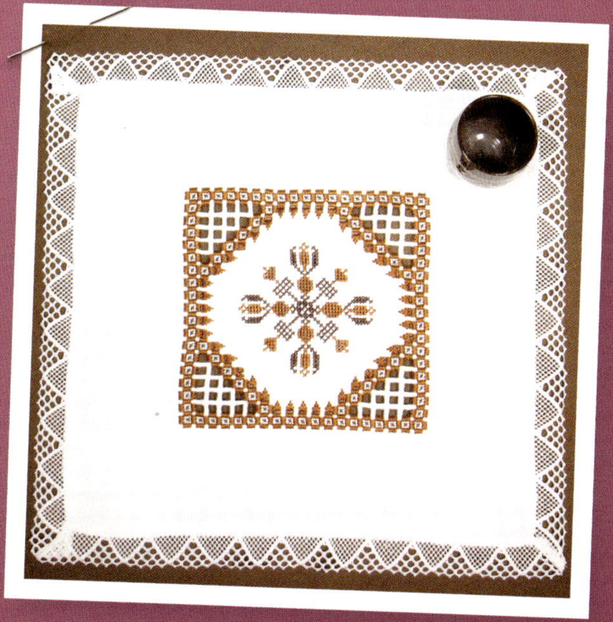

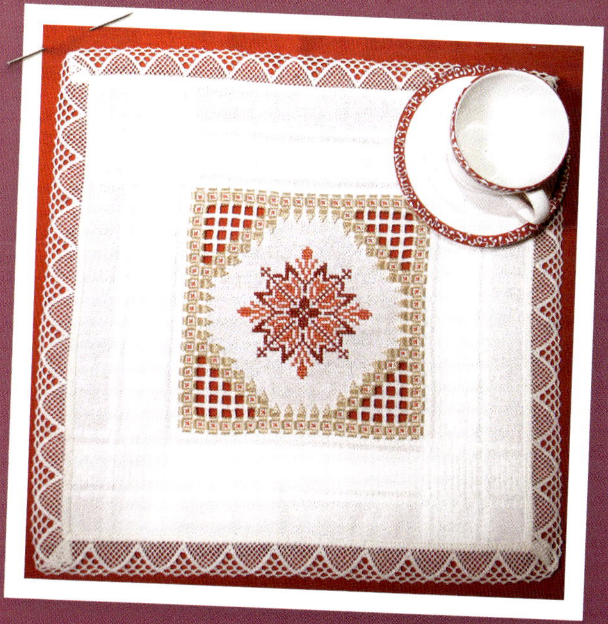

Grau und doch nicht trist

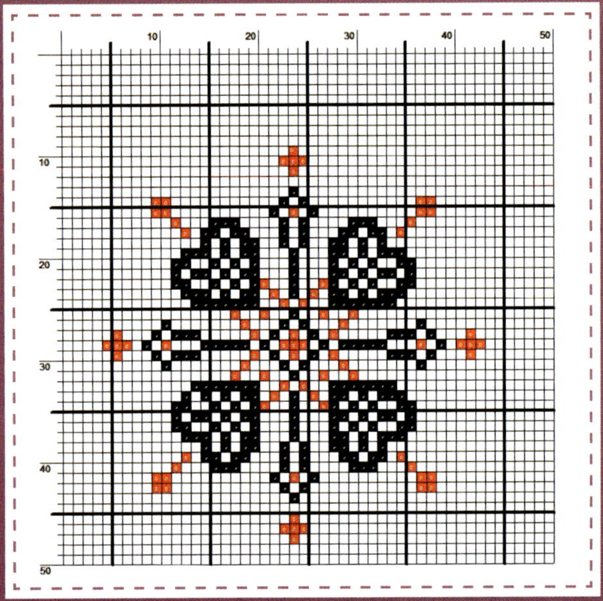

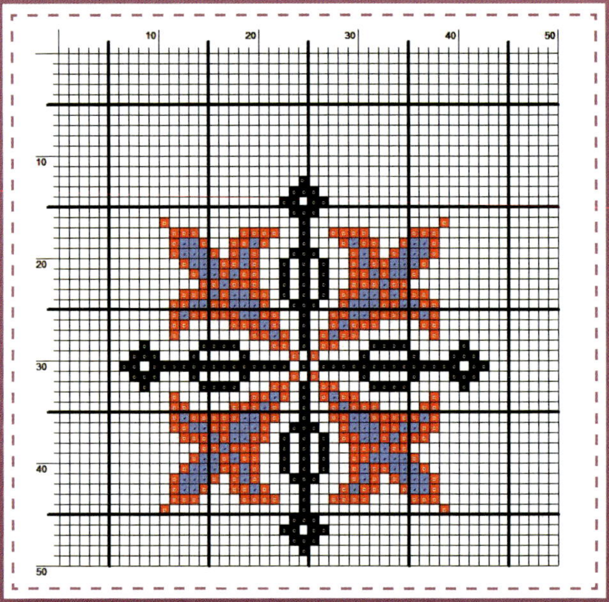

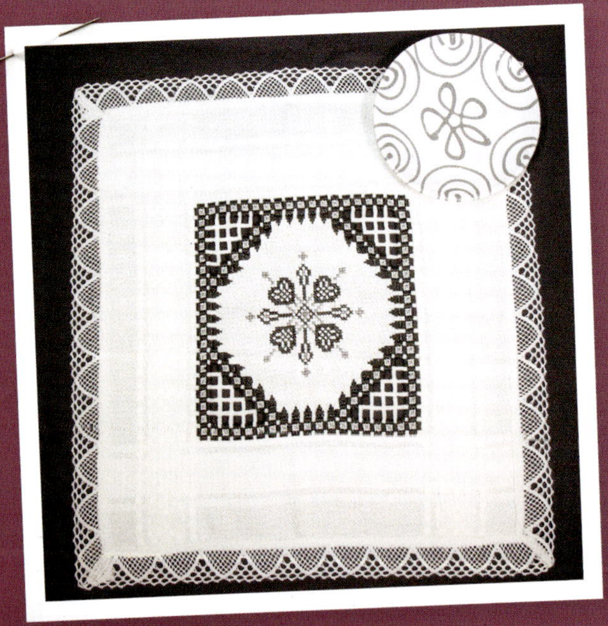

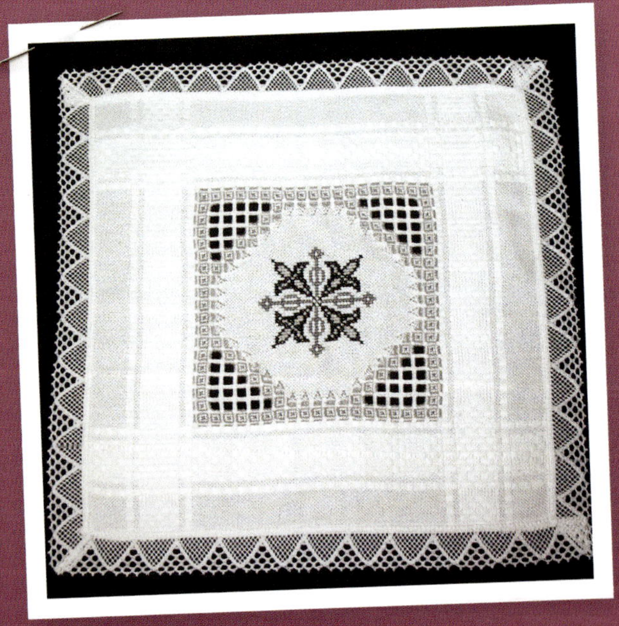

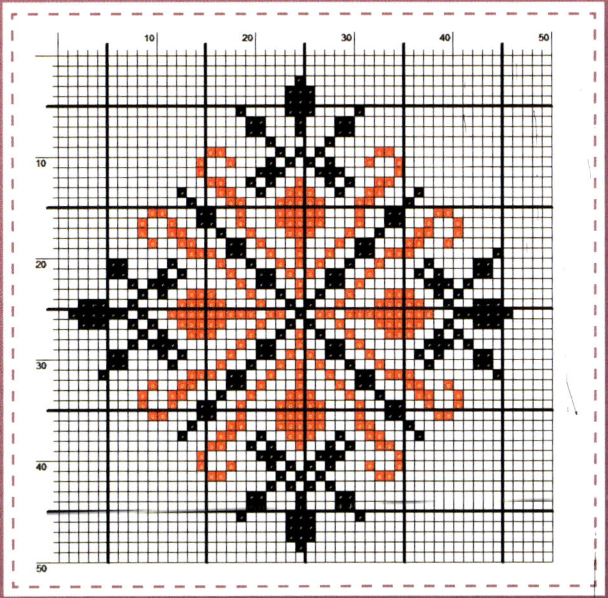
10
20
30
40
50
10
20
30
40
50

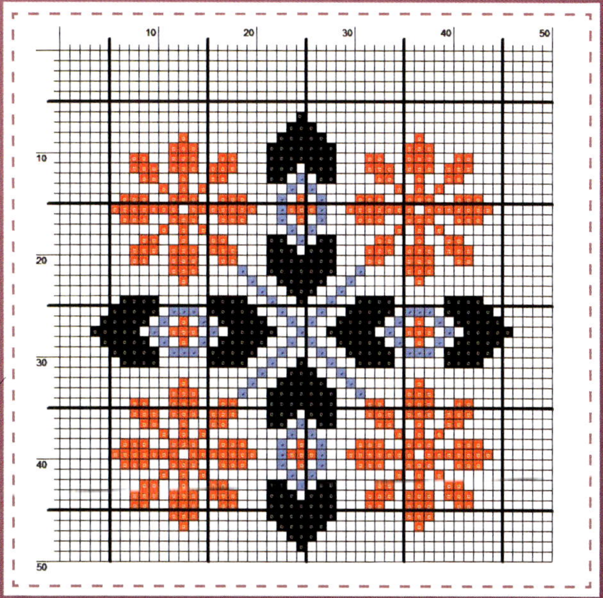
10
20
30
40
50
10
20
30
40
50

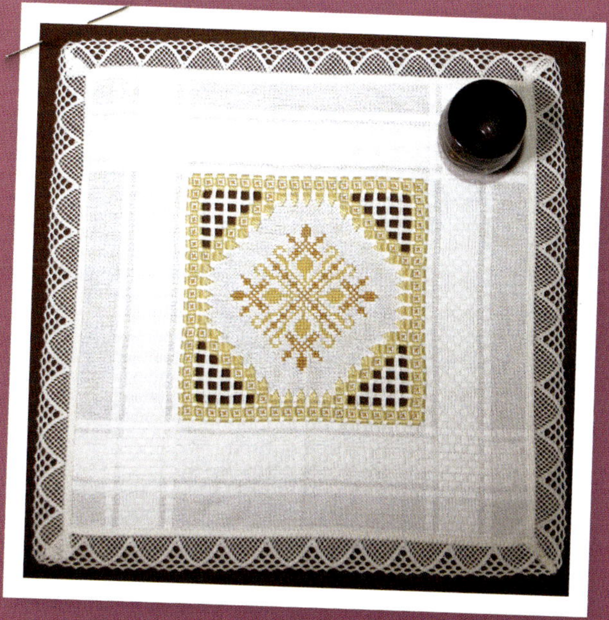

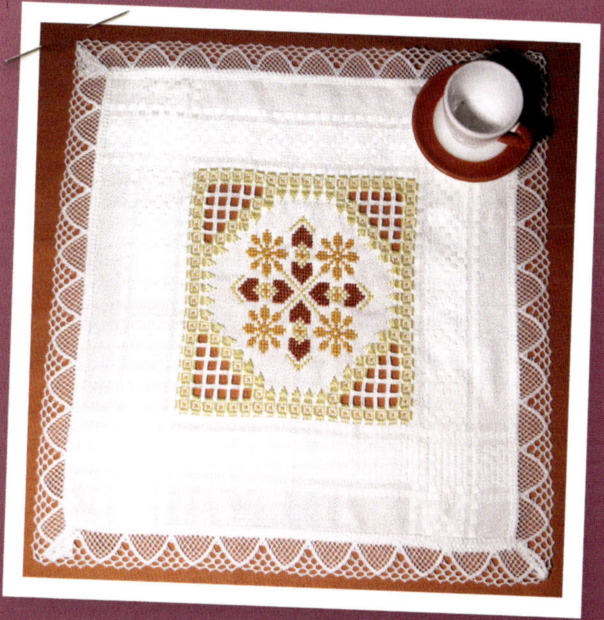

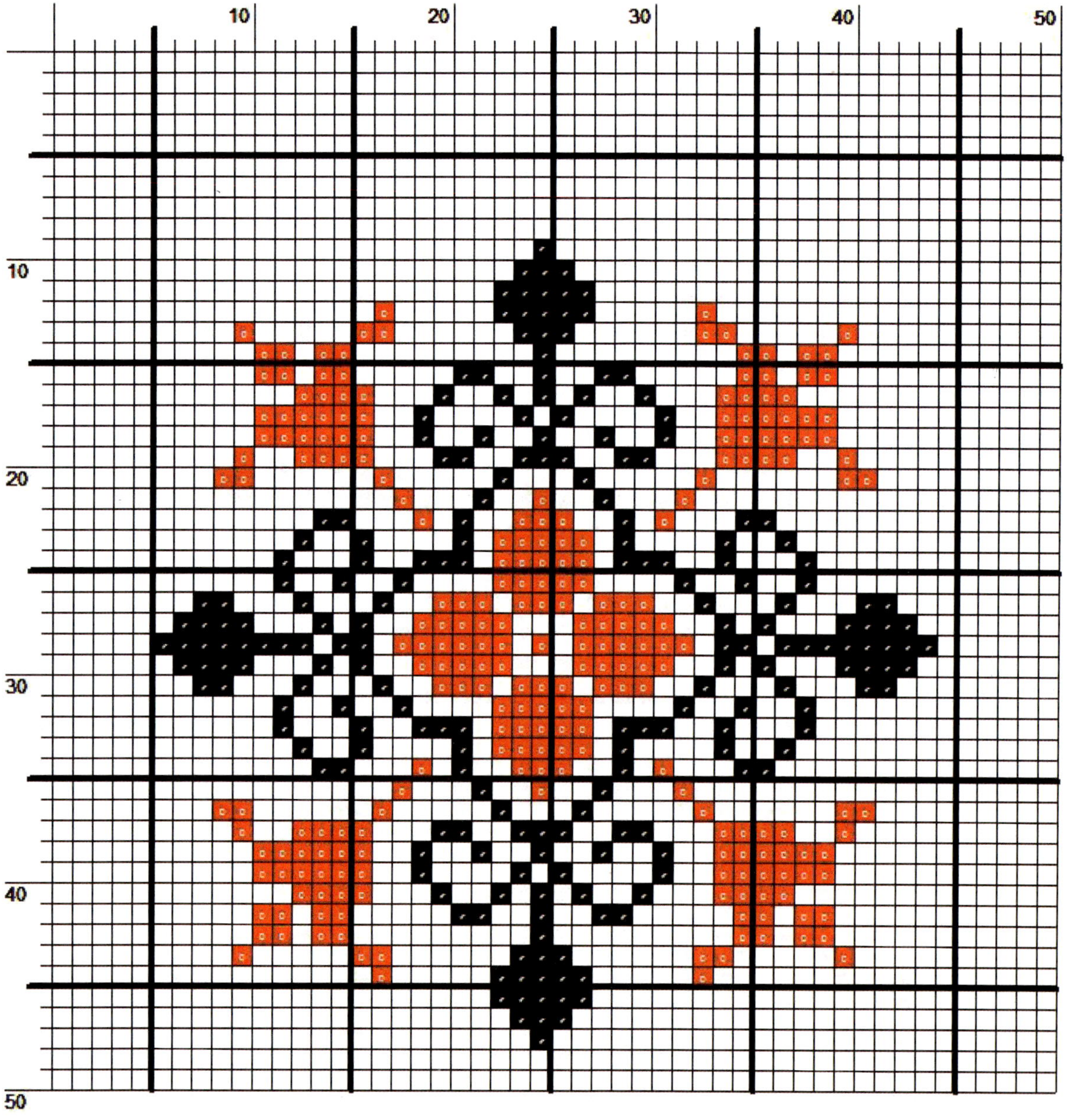
10
20
30
40
50
10
20
30
40
50

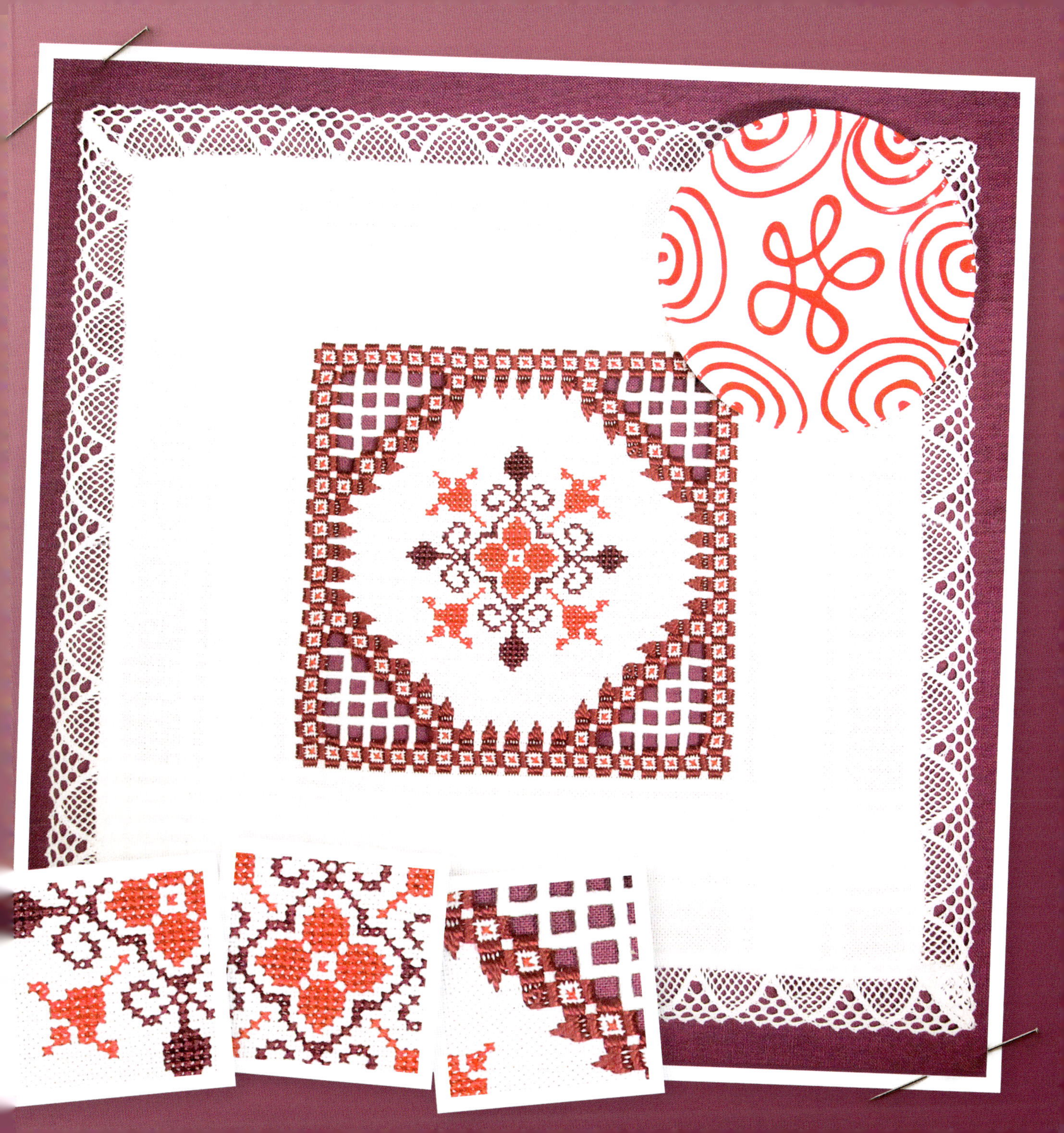

Blüte in braunem Rahmen

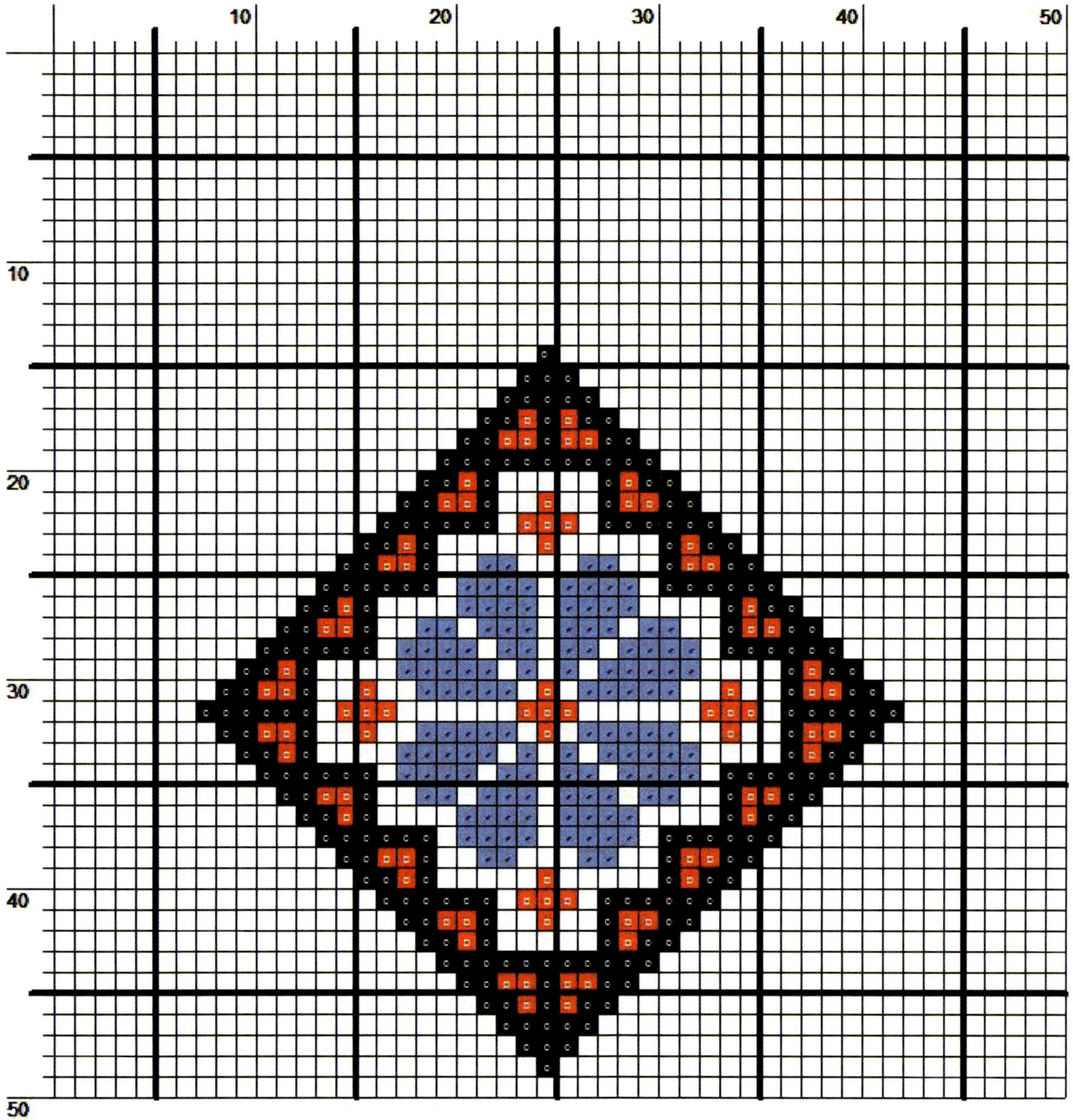

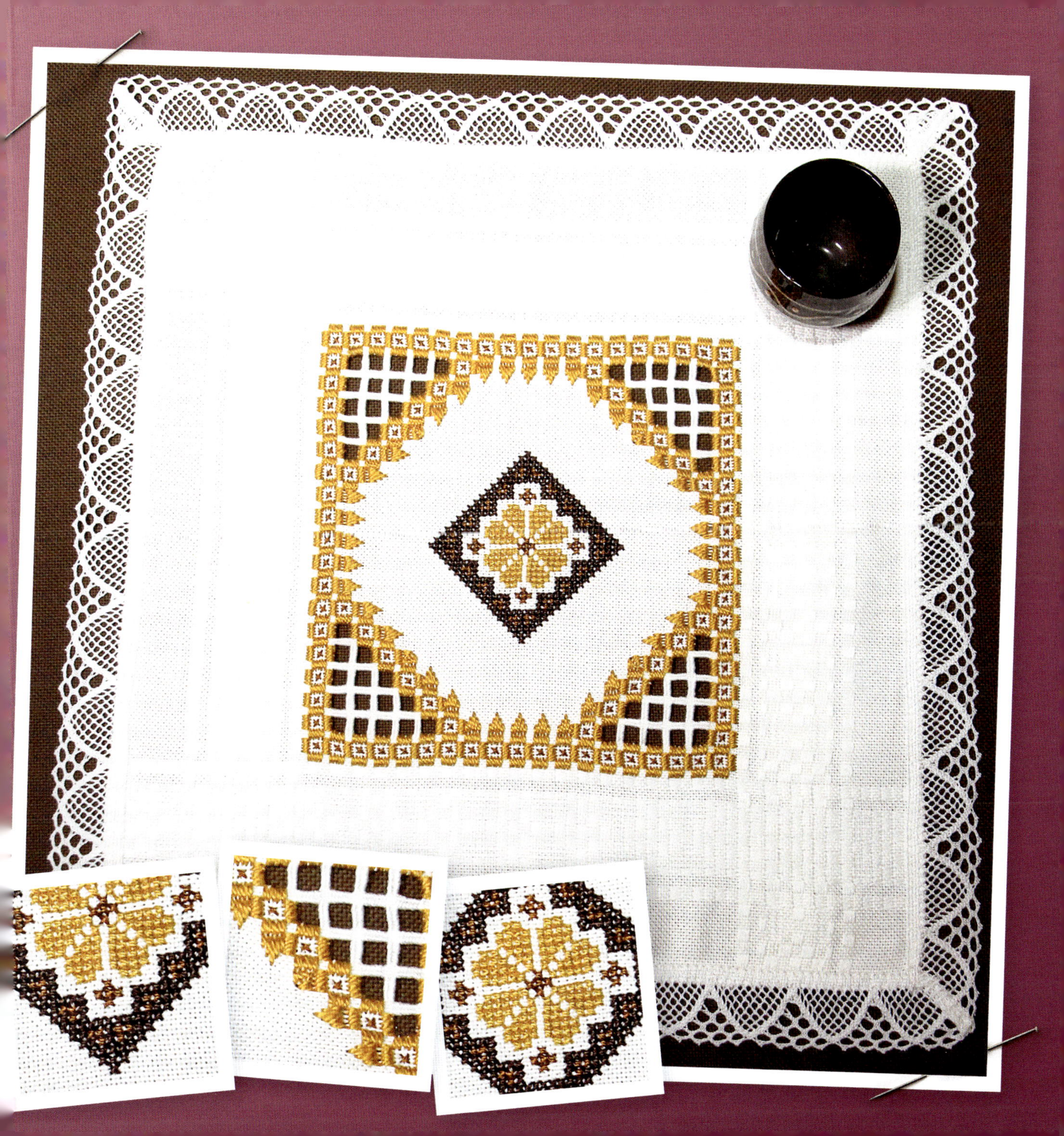

 Eine Farbkombination, die auch Jäger begeistert

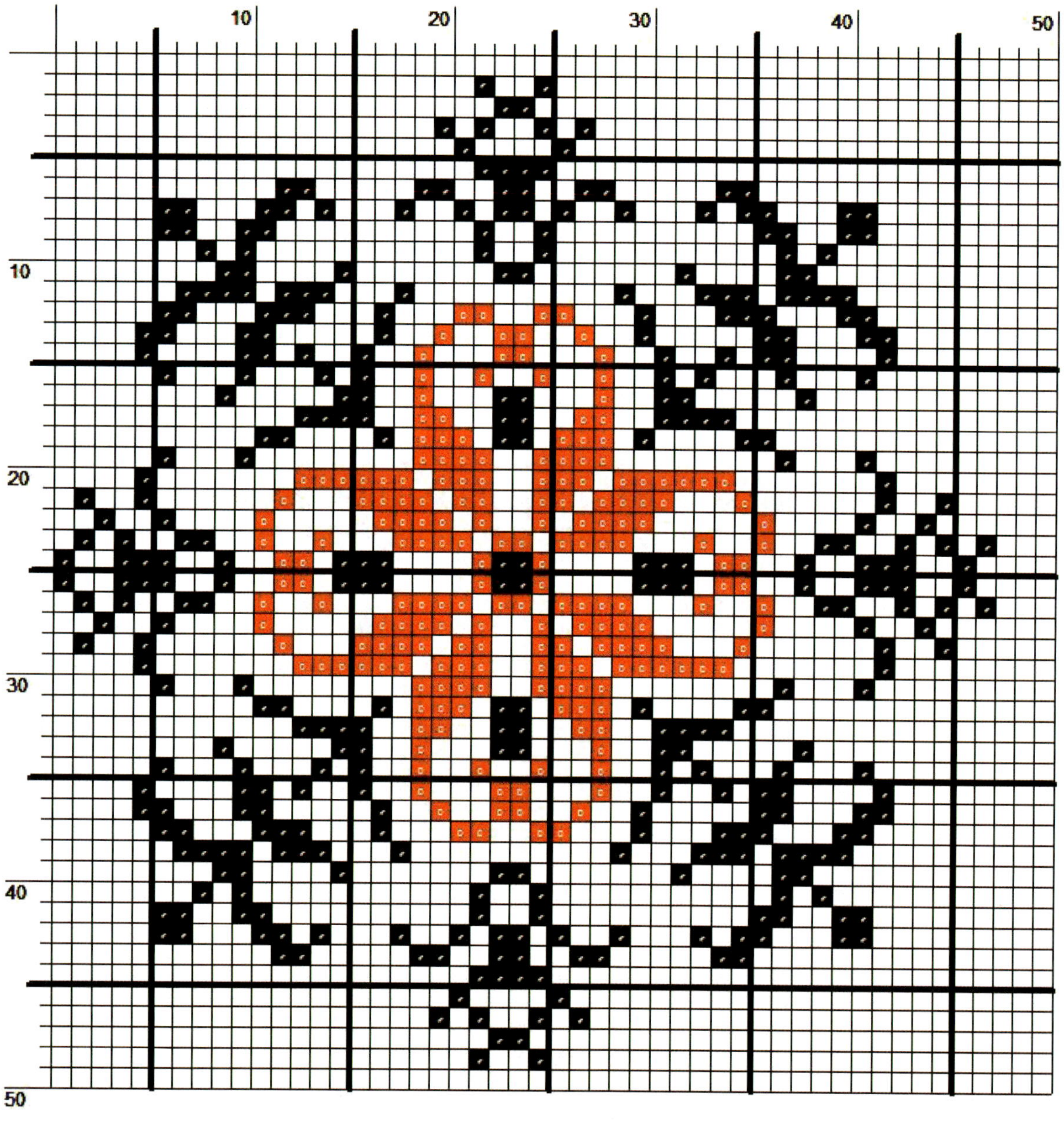

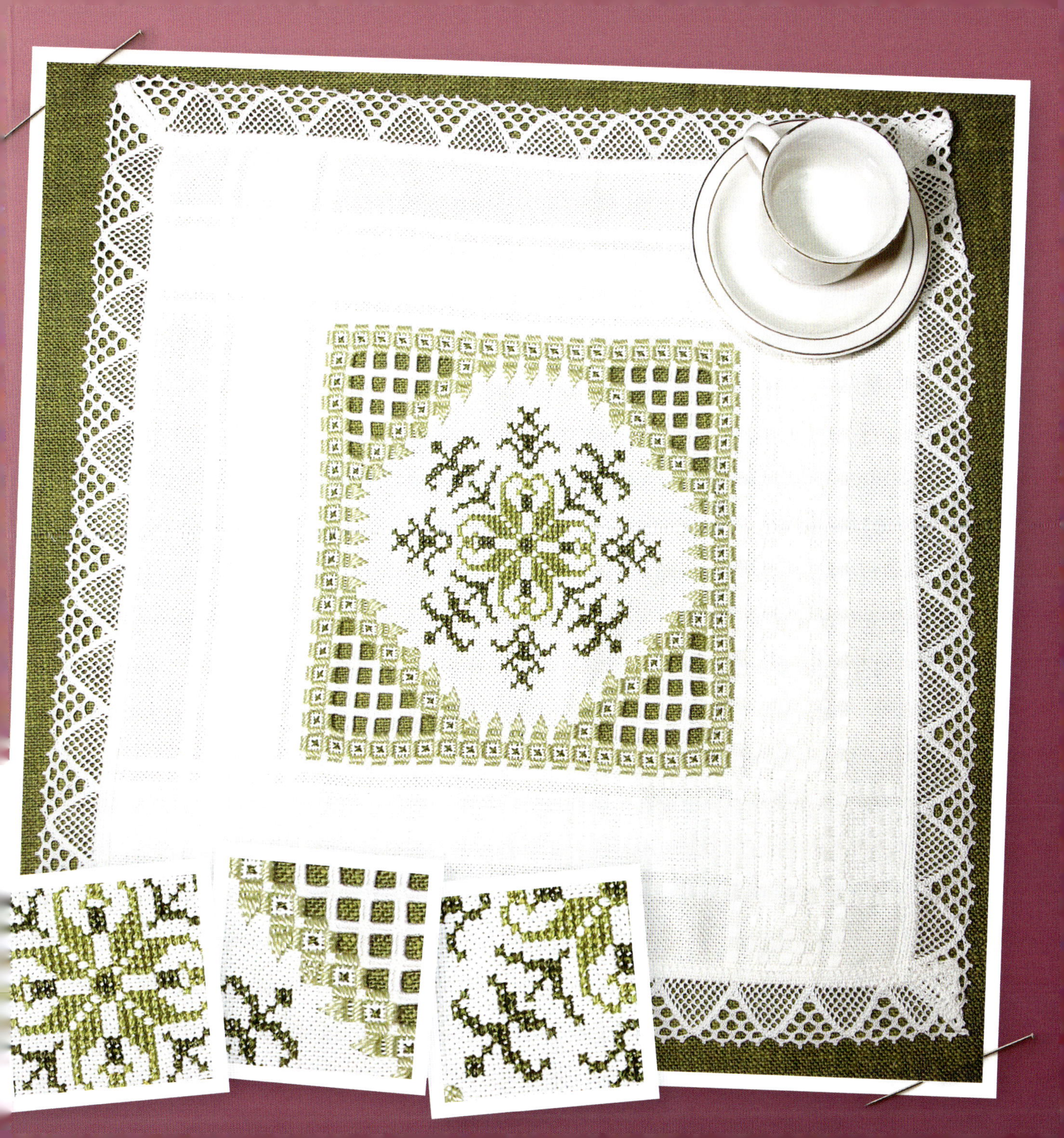

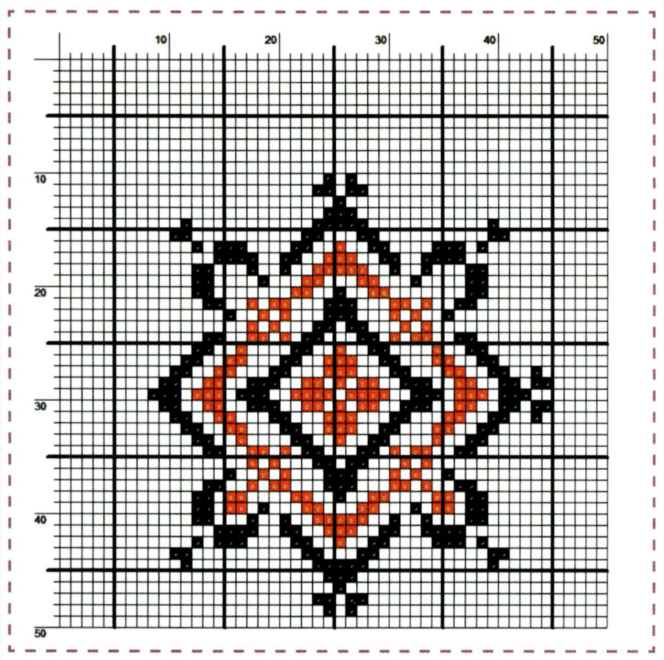
10
20
30
40
50
10
20
30
40
50

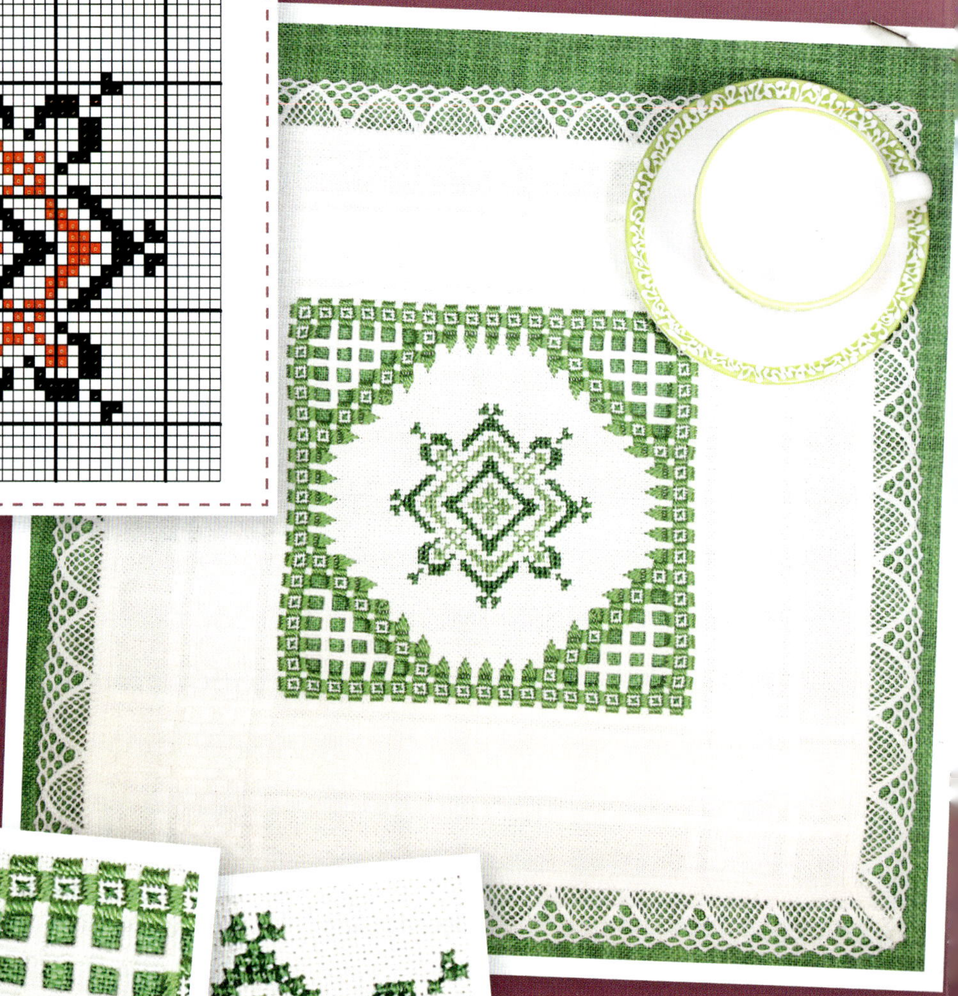

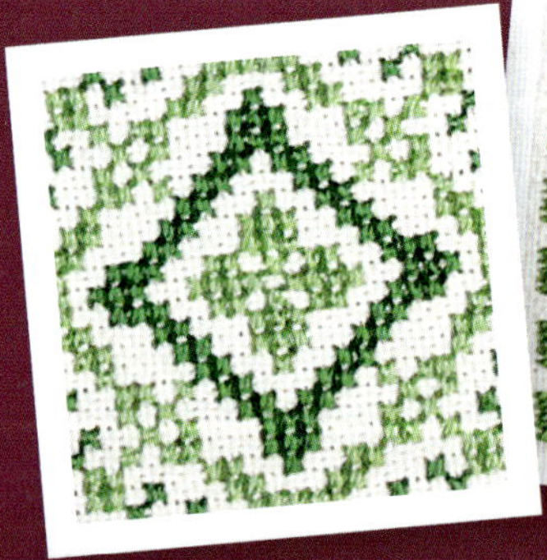

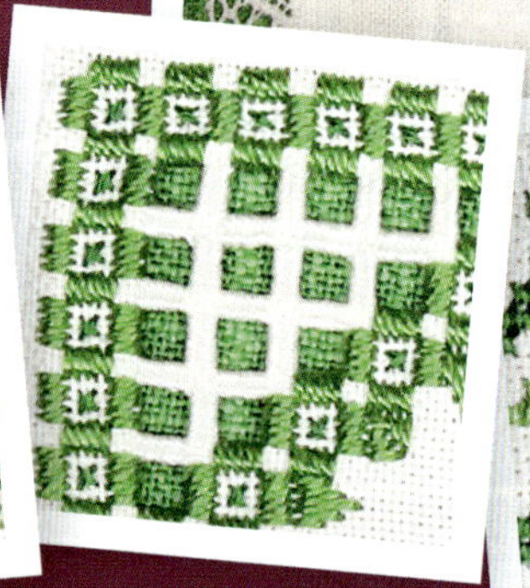

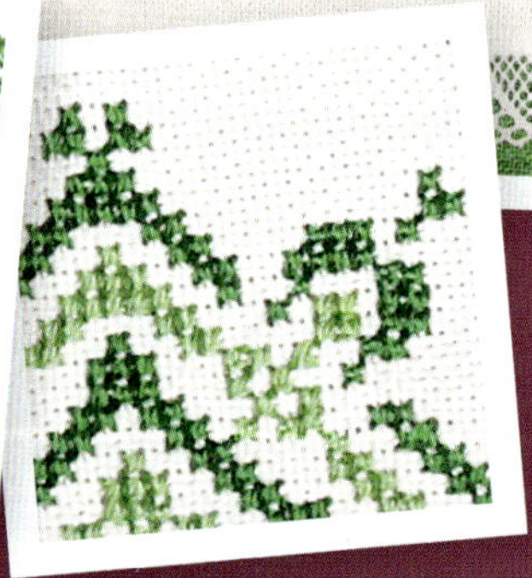